LAS HIJAS DE EVA Y LILITH

Conoce y sana a todas las mujeres que hay en ti

ELISA QUEIJEIRO

Grijalbo

Para Alex, Xime y Dana:
mi sol y mi luna.
Que las Evas y Liliths de su interior
se liberen con todo su poder.
Los amo.

El papel utilizado para la impresión de este libro ha sido fabricado a partir de madera
procedente de bosques y plantaciones gestionadas con los más altos estándares ambientales,
garantizando una explotación de los recursos sostenible con el medio ambiente y beneficiosa para las personas.

Las hijas de Eva y Lilith
Conoce y sana a todas las mujeres que hay en ti

Primera edición en tapa dura: febrero, 2026

D. R. © 2016, Elisa Queijeiro

D. R. © 2025, derechos de edición mundiales en lengua castellana:
Penguin Random House Grupo Editorial, S. A. de C. V.
Blvd. Miguel de Cervantes Saavedra núm. 301, 1er piso,
colonia Granada, alcaldía Miguel Hidalgo, C. P. 11520,
Ciudad de México

penguinlibros.com

D. R. © Matteo Arfanotti, por la reproducción de *Rivelazione* en la portada.
D. R. © Christian Schloe Large, por la reproducción de *Eve and the Garden* en la página VII.
D. R. © Michael Parkes, por la reproducción de *The Golden Serpent* en la página VIII.
D. R. © Lucy Campbell, por la reproducción de *La pestaña de lobo* en la página XIII.
D. R. © Emily Balivet, por la reproducción de *The Invocation of Lilith* en la página XIV.
D. R. © Juan Carlos Corona, *Wymithan*, por la reproducción de *Lilith* en la página XV.
D. R. © Marisa López Moreno, *Sarima*, por la reproducción de *Amalurra* en la página XVI.

ISBN: 978-607-386-570-8

Impreso en México – *Printed in Mexico*

ÍNDICE

Prólogo a esta nueva edición. Ayer, hoy... mañana 11

La culpa es de Eva ¡por insatisfecha!
(La anécdota antes de empezar) 25

Introducción. Cambio, intuición y conocimiento 29
   El caldero 36
   Un libro de mujeres útil para los hombres 37
   Merecemos y punto 38

I. De diosas a brujas. ¿Qué hicimos todos y dónde
estamos las mujeres hoy? 41
   La evidencia de la diosa en la tierra 41
   De los dioses de la guerra al primer Dios-Padre 42
   Musas, casi esclavas; discípulas olvidadas y el fuego
      de las diosas que se extingue 44
   La caída de un imperio y el tiempo entre eras 50

El fin del fuego y el inicio de la lucha 67

Vivir sin mitos 76

II. De Biblias a biblias. Entre lo hablado y lo escrito 81

Entonces, las biblias actuales… ¿qué? 85

III. Otra mirada para Eva.
La mentira mejor contada aceptada de la historia 91

Rescatando a Eva 94

Algunas verdades que vamos a comprobar 95

Expliquemos desde el texto 95

Una serpiente con dobles intenciones, pero que no miente 98

Un huerto sin manzana y un castigo sin muerte 104

La expulsión en lugar de la vida eterna 113

IV. Lilith 123

Primera parte del mito: "Una mujer en el Edén
que quiere igualdad sexual" 129

Segunda parte del mito: "Ángeles, demonios y castigo" 131

Otras fuentes y posibles orígenes del mito de Lilith 133

Lilith escondida en nuestras costumbres 138

La voz de Lilith 140

V. En el espejo de Eva y Lilith 145

Unas cuantas advertencias necesarias 147

VI. Los arquetipos de Eva y Lilith.
Qué vas a descubrir… y cómo leerlos 151

    La imagen 152

    La descripción 152

    La profundización o el consejo 153

    El triángulo y las esencias 153

    La meditación como conexión y camino 155

Conclusiones. Un pacto nuevo 233
Agradecimientos 239
Bibliografía 241
Notas 249

Prólogo a esta nueva edición

AYER, HOY... MAÑANA

Presentarte esta nueva edición de *Las hijas de Eva y Lilith* es como sentarme frente al fuego antes de entrar a un temazcal: con la mano en el pecho y el corazón en el rezo, con mi intención saliendo entre murmullos frente al espíritu.

Me veo con los ojos cerrados y lágrimas suaves escurriendo por sus esquinas: no hay más que pedir, solo agradecer.

Me reconozco con el mismo miedo que hace diez años, pero parada en otro lugar para cruzarlo.

Frente a Eva y Lilith, hace diez años, todo era intento, invento y sueño.

Hoy es abrazo, certeza y compromiso.

El libro ha llegado a miles de corazones.

Pasamos de una primera edición, que se decidió hacer limitada, a unos cientos de ejemplares, a generar una segunda tirada de libros, y pronto fueron tres, cuatro, cinco ediciones más… hasta perder la cuenta de las reimpresiones.

El primer formato cambió a los cuatro años por una edición de bolsillo —la verdad, yo no sabía qué significaba esto, ni por qué mi editora estaba tan contenta—, hasta que me explicó: "Tu libro ya no se sacará de las ventas ni de los anaqueles. Quedará como parte de las colecciones permanentes de la editorial. Elisa, el libro es un *bestseller*".

Yo solo sabía que lo que había escrito estaba en mi alma como una razón de ser: que Eva y Lilith, contadas con la verdad, nos hacían falta a todas; a todos, si es que había hombres valientes que quisieran leerlo con honestidad en la mirada y apertura de corazón.

Pero quiero contarles cómo empezó todo y las sincronías que tuvieron que suceder para que *Las hijas de Eva y Lilith* naciera, y hoy exista esta nueva edición.

En "La anécdota" —con la que comienza el libro— les comparto el inicio de la investigación: cómo Eva se me clavó en el corazón con rabia por la injusta manera de mirarnos a las mujeres: o sumisas o fracasadas. Esas eran las opciones.

Qué terror haber rozado ese lugar y, peor aún, haber dudado por un momento si debía o no seguir ese camino.

El miedo y el dolor son informantes para movernos de lugar, pero si te quedas con ellos, son pésimos consejeros. Las decisiones deben tomarse desde la distancia y la libertad que da sentirse sin miedo.

Les confieso que conquistar ese lugar —"sentirme libre y sin miedo"— sigue siendo parte de mi rutina diaria. Frente a cada nuevo proyecto, o la continuidad de otro, mi mente hace uso de sus trucos y me cuenta esas mentiras que me quieren detener: "No te va a salir bien", "Tú no puedes" o "Estoy segura de que no podrás".

¡Puf, qué lata lidiar conmigo misma!
Porque sí, hoy ya no le echo la culpa a nadie más.
Esas voces soy yo.

Lo bueno es que ya sé que al escuchar una buena música que me eleve el espíritu, o salir a caminar; si acaricio a mi perro; por supuesto si me siento a meditar, o hablo con quienes realmente me aman, retorno a mi centro perdido. Hoy conozco el camino de regreso a mí, el mismo que solo depende de mis decisiones y acción.

Como también sé que la mayor paz en mi vida la recibo, sin lugar a dudas, al dar, cuando me comparto: lo mismo preparando una buena cena para mis amores, que escuchando a mis hijos, impulsando a una amiga o escribiendo con sentido, como en este momento.
Recibo cuando lo que estoy plasmando en mis escritos no solo viene del corazón, sino del sentido de mi vida: compartir para sanar, narrar porque sé que hay verdad en lo que sale de mi voz y tinta; hilar historias; conectar contigo, con tu alma, con tu vida, sembrar miradas y construir puentes...
¡Me inspira!

Mi alma, años atrás, ya sabía lo que yo ignoraba.

El anhelo y el sentido por escribir eran tan profundos que todo iba a conspirar para que sucediera.

Fue en una comida a la que no quería ir, sentada en una mesa donde no quería estar… y el universo riéndose de mí.

Al lado mío, una mujer mucho más joven que yo, desconocida, hermosa y con una energía muy alta, totalmente presente, me saludó. Su alegría natural derribó mis resistencias. La conexión fue reconfortante y, en menos de una hora, yo ya le estaba contando mi sueño: ser escritora. Y mi proyecto: escribir sobre Eva, contar la verdad sobre ella.

Me escuchó, le gustó.

Y sin más me dijo:

"¡Yo te ayudo! Aún no te he comentado, pero yo trabajo en Penguin Random House, una de las editoriales más grandes del mundo. ¿La conoces? Llevo las relaciones públicas para los autores. Pásame tu proyecto de libro y yo lo comparto internamente".

Así funciona.

La magia está más presente en nuestras vidas de lo que podemos ver.

Por supuesto que yo no sabía cómo se presentaba un proyecto de libro, no tenía idea. Pero ahí llegó mi compromiso conmigo y con mi sueño: lo averigüé, lo estudié y me puse manos a la obra. Me encerré hasta lograrlo.

Mi proyecto gustó. En menos de una semana, Fernanda Álvarez —quien se iba a convertir en mi editora por los siguientes cinco años— me citó. Comeríamos juntas. Quería hablar de mi libro.

¡MI LIBRO!

Gritaba en mi interior, bailando, cuando terminó esa primera llamada.

Sí, el proyecto era semilla, y el libro iba a suceder.

Y... ¡con semejante editorial!

¿Saben cuánto tiempo tardé eligiendo qué ropa ponerme para esa comida? Exacto: ¡horas!

Quería verme bien, que nada pusiera en riesgo mi "gran proyecto": ni muy seria, ni muy señora, ni muy informal —no soy informal, pero podría parecerlo—.

Mi ego jugueteaba conmigo frente al espejo: ¿cómo se debe vestir una nueva escritora?

Lo recuerdo y me provoca una risa suave.

Me doy ternura.

Mis últimas reuniones con Fer —que se volvió una amiga amada— fueron en pants, casi en piyama.

Con ella escribiría, años después, *Una patria con madre. La historia de Malinche que nos libera.*

Pero fue con Eva y Lilith cuando no solo creyó en mi primer proyecto...

Sobre todo, creyó en mí.

Cuando ni yo lo hacía —del todo—.

Porque también es verdad que algo en mi interior siempre me dijo: tú eres escritora.

Tú puedes narrar historias.

¡Vaya! Por eso me atreví a confesar mi "mentira piadosa" durante la presentación de *Las hijas de Eva y Lilith*.

Sí, frente a los asistentes (que amorosamente llenaron el vestíbulo del Museo Soumaya), en marzo de 2017, compartí sin tapujos que yo… "mentía".

Sin hacerle daño a nadie, claro. Pero mentía en los formatos médicos o donde fuera que me preguntaran por mi profesión.

Yo era comunicóloga. Pero sin más —y solamente volteando a ver que nadie me estuviera espiando—, decididamente, delante de la pregunta: "¿Profesión?", de puño y letra respondía: escritora.

Sí, señor, eso escribía.

Era un juego para mí.

O quizás… ¿una semilla?

El sueño y mi deseo eran claros. Y poder servir a los demás, también.

Lo que había estudiado, lo que sabía… y lo que había comprendido de mi propia vida, lo quería compartir.

Necesitaba que sobre todo más mujeres transitaran de la duda a la posibilidad, del juicio a la liberación, de la inmovilidad a la valentía.

Pero… ¿sí se dan cuenta de cómo fue la cadena de creación?

Primero: fue una mujer la que me ayudó: me conectó con la editorial.

Después, una mujer creyó en el proyecto y lo defendió hasta que fuera realidad.

Y hoy —casi diez años después de esa primera edición—, de nuevo una mujer fue la que volvió a mirar a *Las hijas de Eva y Lilith* y dijo a los directores: "Oigan, este libro lo tenemos que volver a editar, y con pasta dura, nuevo, revisado… en una edición especial".

Así llegó Ángela Olmedo. Sería mi nueva editora.

Fer seguiría nuevos aires. Había que apoyarla.

Y Ángela se convirtió en mi nueva mujer-guía, mujer que confía, que me encamina… y que también ¡me marca los tiempos límite de entrega!

Porque a mi ritmo —les confieso— ni este libro ni los que siguen llegarían a tiempo a sus manos.

Equipo.

Equipo de mujeres.

Entre nosotras, mirándonos.

Viendo cómo sí ayudarnos; rompiendo viejos patrones.

Habitando un nuevo tiempo.

Donde no somos competencia, sino aliadas.

Pero no podía ser de otra manera, porque de eso va *Las hijas de Eva y Lilith*.

Y si algo he aprendido en estos años es que, escribiendo de estos temas —de espiritualidad y de mujeres poderosas—, ni las letras escritas ni las palabras son suficientes.

La congruencia te reclama en los hechos.

El cuidado por caminar lo que dicen tus palabras no te deja espacio para no hacerlo.

Nos toca no ser perfectas, pero sí impecables las unas con las otras.

Nobles, ante todo.

La coherencia es la cohesión que necesitamos las mujeres para crear cualquier tipo de proyecto entre nosotras.

El nuevo Pacto de Eva, así lo llamo, y sus detalles los podrás leer en el libro: porque *Las hijas de Eva y Lilith* así nació, de un pacto entre Evas… y su nueva edición, también.

Gracias a estas tres mujeres, y a todas las que han leído el libro.

Gracias por sus mensajes y sus ojos sonriéndome.

Gracias por sostener este proyecto cada vez que lo comparten y lo vuelven a leer.

Porque *Las hijas de Eva y Lilith* es un libro-oráculo, una consulta y un consejo entre amigas, entre mujeres que se entienden.

Por eso, siempre estará ahí, para volver a ser leído, consultado… para acompañarte cuando más lo necesites.

¿Qué sueño?

Verlo traducido a muchos más idiomas y llevado a las pantallas.

Pero, sobre todo, que pueda ser rezado de nuevo, como lo fue cuando lo estaba escribiendo.

Porque esto no lo había compartido antes, pero mes a mes, durante un año, nos sentábamos en un círculo de mujeres a rezar los arquetipos de Eva y Lilith.

Elena Felgueres, mujer-medicina, amiga y cómplice, guiaba el rezo que salía del alma de todas las que asistíamos a la reunión.

En cada sesión se sumaban las mismas mujeres o nuevas, todas buscando ese consuelo de sentirse en un espacio seguro, donde poder orar o simplemente ser mujer, llorar, reír y cantar juntas.

Porque eso hacíamos, siempre... cantar.

Aprendí que ese era el lenguaje de las abuelas: cantar, bailar, reír.

La Eva o Lilith que rezábamos ese mes se convertía en la esencia que nos acompañaría a lo largo de los siguientes 28 días.

El trabajo fue hermoso; el acompañamiento entre nosotras, brutal, y el sostén que me ofrecieron para confiar en mi escritura, primordial.

No estuve sola. No lo estoy ahora.

Volver a rezar los arquetipos de Eva y Lilith comienza en el momento en que los hagas tuyos y los pongas a tu servicio.

Si leíste la primera edición de *Las hijas de Eva y Lilith*, esta nueva versión te parecerá un soplo de frescura y un clavado a la profundidad.

La esencia es la misma. Su valor y su para qué, con su semilla y su fruto, no pueden cambiar.

Al igual que yo soy la misma... y soy otra al mismo tiempo.

Solo tengo diez años más de estudio defendiendo el valor de las mujeres y conociendo nuestra historia; diez años más convencida de que nuestro camino se debe hacer desde la independencia emocional y la autonomía en todos sus sentidos.

Pero, también, en respeto y en comunión con los hombres: con ese masculino alineado que sí existe.

Tengo diez años más de heridas y de aciertos; de paz conquistada a base de cruzar la incertidumbre, tomándome de la mano de mi fe, que nunca me ha dejado de alumbrar en el túnel oscuro de mis dudas.

Leerme de nuevo a mí misma.

Ponerme atención.

Fue sonreírme por lo logrado, igual que cuando miras a uno de tus hijos bailar en un festival, terminar su carrera o decidir dar pasos profundos e independientes para vivir su vida.

Sentí un suave orgullo.

Suspiré largo y agradecida.

Pero inmediatamente me puse a trabajar: había nuevas cosas que decir, y otras que cambiar.

No pude dejar de ser maestra al mismo tiempo que escribiente, así que —aunque quise revisar y quitar tantas notas al pie de página de la primera edición—, resultó al revés: las aumenté… y también las citas y las referencias.

Esa es mi deformación profesional: una necesidad personal por compartirlo todo… ¡y un poco más!

Así es que escribí notas pertinentes y otras más anecdóticas.

Están igualmente citadas todas y cada una de las fuentes consultadas, así como recomendaciones adicionales de libros y lecturas para profundizar en ciertos temas que fueron primordiales en mi proceso de estudio.

Sin embargo —para alivio del lector al que no le guste distraerse con tanta nota—, solté mi vena *hiperacadémica* de dejarlas debajo de cada capítulo de referencia.

Hoy me parece más importante que tu lectura sea fluida e íntima.

Por eso encontrarás todas las referencias al final del libro: acercarse a ellas o no será una decisión personal.

Porque son más un regalo… *no una obligación.*

Déjate experimentar el libro y su actualización.

Espero que sientas su ritmo y sus flechas directas a la conciencia de tu corazón abierto.

Con esa misma intención, los capítulos de Eva y de Lilith, así como el apartado de los arquetipos, fueron refinados con sutileza.

He añadido también, como una innovación, meditaciones que podrás descargar desde códigos QR y que acompañarán tu viaje por las imágenes y sus arquetipos.

La idea es que conectes con cada esencia desde otro lugar, que no sea solo la mente y la lectura, sino desde el alma y sus mensajes.

Todas somos Eva, y todas las Evas somos también Lilith y su fuerza, su vulnerabilidad, su naturaleza salvaje y su resiliencia.

Con estas meditaciones grabadas con mi voz, te acompaño a transitar por cada una, y agradezco poder estar presente, a través de ellas, cuando tú lo necesites.

El cierre del libro, lo verás, se vuelve más poderoso en el momento en que tú lo completes con tu experiencia de vida.

Cuando la información se vuelva herramienta.

El consejo, puente.

Y el espejo, camino.

¿Qué aprendí en estos diez años?

Me encantaría decir que la lista es interminable.

Pero no.

Los verdaderos aprendizajes —los que te cambian, los que te hacen transitar de manera diferente la vida— se enumeran con poco aliento, pero con mucho agradecimiento.

Aprendí que nada dura para siempre. El cambio es terror y bendición.

Aprendí entonces a cuidar lo que atesoro.

Porque todo se puede ir o cambiar en cualquier momento.

Sin embargo, también aprendí a soltar —con mucha mayor facilidad— lo que me estorba.

No es que sea más dura, sino más valiente.

Mis hijos van primero.

El amor lo vale todo.

Mis amigas son un refugio que nadie puede tocar.

Las elijo y —si ellas quieren—… las dejo ir.

La humildad ha sido mi gran lección:

morder el polvo del error,

pedir perdón,

digerir la vergüenza,

abrazar la culpa.

Crecer.

No dejo de ser una cebolla que se va quitando capas…

pero le siguen saliendo nuevas.

Veo todo lo que quiero lograr, lo que falta para llegar a donde sueño… y entonces me da demasiada prisa hacerlo.

Quiero todo.

Y eso —como decía mi madre—: "Nunca puede llegar al mismo tiempo".

Me calmo cuando ya no puedo más… y sigo un nuevo ritmo.
Solo así no me pierdo los regalos que el estrés me roba.

Aprendí que si soy vulnerable y transparente con quien debo serlo, en el momento correcto, cuando me lo dicta el alma,
el resultado siempre será más amor,
más empatía y —paradójicamente— más confianza,
creación, sostén.

Si me atreviera a dar un solo consejo, sería ese: no te pierdas el
tesoro de ser vulnerable.
Pero aprende a distinguir con quién.

Sobre mis escritos, caí de rodillas, porque ya entendí que solo se
logran desde la alineación y el rezo.
En el silencio está la creación.
Y no habrá nunca ni inteligencia artificial, ni red social, ni
espacio digital que sustituya eso.

Quien me conoce, me escuchará una y otra vez decir: "Pide por
mi congruencia".

Los sueños sí se siembran… pero después se trabajan.

Y la magia… la magia sí existe.
La estás leyendo en este momento.

LA CULPA ES DE EVA
¡POR INSATISFECHA!
(LA ANÉCDOTA ANTES
DE EMPEZAR)

Estoy sentada en la sala de una casa, quitaron los muebles y dispusieron las sillas como en un salón de clases. El saludo de todos es cordial, casi cariñoso. No los conozco. No sé si los quiero conocer. Sonrío con agrado (mi madre me enseñó muy bien).

Estoy asistiendo a pláticas cristianas sobre cómo salvar un matrimonio. Yo estoy divorciada —recién divorciada— y soy judía. Bueno, conversa, en realidad. Nací católica y me convertí hace casi 17 años, poco antes de casarme. Lo irónico es que jamás entendí tanto las enseñanzas de Jesús como al ser judía.

Así que aquí me tienen, tapando el pozo después de ahogado el niño, buscando consuelo en quien lo ofrece.

La sala-salón está llena de parejas; yo vengo sola. Simplemente no quiero volver a equivocarme, o por lo menos no igual; pero la verdad, no sé cómo. *¿Qué se tiene que hacer para dejar de ser el lado oscuro de uno mismo?* Créanme, con la pura voluntad no alcanza.

La plática comienza.

—Abordaremos el problema desde la raíz —nos dice el pastor—, porque ahí está el origen de todos los males.

No me sorprende que menciona el Génesis como nuestro libro de estudio, ya que es el principio de todo. Pero habla, no lee:

—Lo que ustedes no han entendido, mujeres, es que son hijas de Eva.

No sé por qué suena más como una condena que como un mero comentario.

Todos ríen. Yo ladeo la cabeza, casi frunzo el ceño y los observo. No entiendo bien de qué se ríen. Escucho:

—Sí, chicas. Sí, señoras bonitas. Eso son: ¡hijas de Eva! Y siempre quieren el fruto prohibido.

Sonriendo, nos señala con dedo acusador.

—¿O no es así? —pregunta, y se responde solo—: Si un hombre les regala rosas, ustedes quieren platicar; si el hombre es platicador, ustedes quieren que les dé rosas. Peor aún: si les regala, por ejemplo, una camioneta, se preguntan por qué lo hizo de sorpresa y no las dejó escoger el color... ¡Siempre buscan lo que no tienen! —acentúa—. Con cuidado, claro.

Las carcajadas inundan el salón. Yo sonrío para no desentonar. En parte tiene razón: ya saben, la rubia quiere ser morena; la alta, baja; la lacia, con el pelo rizado. Pero ¿adónde va todo esto?

—El caso es que les tengo una buena y una mala noticia. No hay vuelta de hoja ni paso atrás —sentencia—. Son lo que son... ¡mujeres! ¡Y, por tanto, insatisfechas!

Ellas ya no se ríen tanto. Mi yegua interior relincha. Ellos, los maridos, lo disfrutan: *por fin alguien los entiende.*

—Tienen una sola salida —baja el tono y acentúa cada palabra—: renunciar a lo que son. Dejar de ser Evas insatisfechas y entregar su antigua naturaleza a los pies del Señor. Ser obedientes.

Continúa más serio todavía.

—Claro que solo lo lograrán con la ayuda de Dios y renunciando a su rebeldía, porque solas no podrán nunca, y sus matrimonios estarán condenados al fracaso.

Yo vengo de ese fracaso. Sus palabras son lapidarias. Mi futuro se colapsa al escuchar las frases del pastor. Y yo no soy fuerte… o por lo menos no lo sé aún. Él sigue hablando. No lo escucho más. Me fundo en la silla con el silencio que inunda la sala de la familia cristiana que me invitó. Algunos asienten con la cabeza. Las mujeres también, lo que me sorprende aún más. Se convencen de creer en lo que escuchan. Sienten que lo que el pastor dice es verdad. Hacen oración y dan gracias por la información que salvará su matrimonio. ¡La sumisión como opción!

Quiero levantarme, irme de ahí, tomar mi antigua naturaleza y la nueva —las dos—, abrazarlas, levantarme y, de un portazo, que se escuche mi salida. Pero me quedo sentada (mi madre me enseñó muy bien). Desmayada por dentro, inmóvil, con los ojos abiertos espero hasta el final de la plática. Igual que todos, pliego mi silla y la apilo con las demás. Sonrío cordialmente. Me despido, todavía dando las gracias.

La reja de la calle parece frontera. Piso la banqueta y me devuelve el aire. Ya en el auto, me sudan las manos frías; me tiemblan al sujetar el volante. Bajo la ventana. Respiro. Me da vueltas un universo de sinrazón.

Eva se me clavó en el corazón.

Introducción

CAMBIO, INTUICIÓN Y CONOCIMIENTO

Estoy escribiendo en un café de Polanco. Es la Ciudad de México, y tengo el parque justo enfrente. Han pasado más de cinco años desde aquella sala, aquel momento... y mi nueva vida dedicada a ser escritora y humanista. A investigar profundamente para narrar lo cotidiano. El murmullo de la calle es mi silencio. Observo. Lo mismo se baja una mujer —con la ayuda del chofer— de una camioneta blindada negra, que una joven en patines pasea a un galgo inglés. Veo a una madre con su carriola: el niño duerme; ella atiende el celular. Le dan de frente el sol y el viento. En un puesto de frutas, la señora vende mangos en vasos de plástico. El limón y el chile son al gusto. Mientras tanto, la ejecutiva de la mesa vecina domina a sus inversionistas. Los mira, habla con las manos, los acecha... los controla. Ellos no lo saben. Y en la esquina del café, otra mujer lee. Devora su libro mientras bebe té de jengibre. Lleva tres tazas. Me conmueve esta escena: dos amigas se fusionan. Una llora con un nudo en la quijada y oculta sus lágrimas con lentes oscuros. La otra no la consuela: la contiene. La encamina. La empodera. Comprende, pero no le permite ser víctima. Esto quedó atrás. Le sostiene la mano con fuerza. También aprieta la quijada.

Yo escribo lo que he aprendido: nunca sabemos cuál será el evento que remarcará nuestra vida. Lo que nos hará hacer un alto, girar el timón… y cambiar el rumbo. Pero como en las buenas novelas, el carácter de los personajes se mide por el tamaño interno de sus decisiones. En las encrucijadas está el vórtice de las historias: eso que somos capaces de hacer con las circunstancias que nos tocan vivir… o que nos provocamos. ¿Cuál será la reacción y cuál la acción? Es en esos momentos donde medimos hasta cuándo la estructura de nuestras creencias será la que nos limite, recargándonos en ellas como si fueran muletas que nos sostienen. ¿Cuándo caducan los mecanismos de sobrevivencia? ¿Qué tiene que pasar para leer la fecha de caducidad del miedo? ¿Cuándo es el momento de evolucionar sin sentir que moriremos en el intento?

Creo que nuestro cuerpo físico siempre es el primer termómetro, el que nos hace sonar una alerta que dice: "¡Ni un día más!". La necesidad de cambio se siente en la biología. El espacio nos asfixia, el aire parece que nos quema… o, por el contrario, nos congela. Las manos se nos duermen, la mirada se queda fija. Es una extraña sensación cúspide, y la certeza absoluta de saber que ya no podemos quedarnos como estamos —sin importar que el siguiente paso se sienta como asomarse al abismo—. Es la última gota de una estalagmita que cambia para siempre nuestra fisonomía interna. La suma de los hartazgos. El combustible, carburado.

"Las mujeres", decía mi abuela, "podemos aguantar todo y por mucho tiempo. Pero hay un día, con su hora y su segundo, en que con la misma determinación decimos: '¡No más!'". Ese día no habrá necesidad de gritos ni sombrerazos. Simplemente lo sabemos internamente y actuamos, sin que nos detengan las consecuencias. Después de ese momento —es verdad— *no hay vuelta atrás.*

Después de los mensajes de nuestro cuerpo físico sigue la intuición: esa voz interna que sí existe y que debe llevar la batuta. La intuición clara es nuestra brújula. Nos marca el norte sin dudar. Sabemos cuándo nos grita desde las entrañas y cuándo palpita entre susurros. Aparece en el silencio, se muestra en los rituales. Nos espejea en medio de las pláticas ajenas. Está lo mismo presente en un amanecer que en las noches de insomnio, en la lectura de un libro o en la caricia de un hijo. La sentiremos en el placer o en el llanto. La intuición jamás nos abandona. Obedecerla equivale a sentir paz: las resistencias se liberan, cualquier esfuerzo cobra sentido, el cansancio se diluye al hacer lo que sabemos —profundamente— que debemos hacer.

Mi cuerpo, mi intuición, mi camino y el abismo que sentía evitaron que regresara a las pláticas para salvar matrimonios. Iban en contra de todo lo que mi ser me pedía hacer: escucharme, reconstruirme desde otro lugar, mucho más sano y noble que su propuesta de culpa y sumisión. Eso era lo que tenía que hacer. Pude haberme quedado, aceptar su camino de obediencia impuesta y una "paz barata" como promesa de vida, pero mi alma me gritaba: "¡No lo hagas!... sálvanos". No juzgué; simplemente, en medio de mis pérdidas, busqué cómo hacerme caso y serme fiel. Me concentré en lo que sabía hacer muy bien: estudiar, investigar, cuestionar todo para poder responderme a mí, quitándole el poder y la palabra a los otros, que al final no tenían más sustento que lo que ellos creían que era verdad.

Mientras reunía mis pedazos sueltos, busqué entender mi propia historia a partir de la historia de la mujer, reconciliarme con mi clan y comprender que somos herederas de circunstancias y mitos que nos arrebataron nuestro trono natural: lo que merecemos por el simple hecho de ser mujeres. El primer capítulo de este libro es un recorrido por la historia, por esa historia: "De diosas a brujas: qué hicimos todos y dónde estamos las mujeres hoy".

Aprendí que cada época se levanta sobre los hombros de la anterior, y que la ignorancia es la trampa de la ingenuidad… y el cetro del que abusa. Hay que conocer para no juzgar, y entender para comprender. La historia de las circunstancias que han movido a la mujer de un lugar a otro —ese oleaje de las civilizaciones que, como marejada, ha levantado los pies de niñas, jóvenes y adultas arrastrándolas adonde los líderes y la corriente decidían— tiene dos vertientes: la historia misma, es decir, las decisiones humanas; pero también los mitos sobre los cuales se fundaron las culturas. Nuestro origen es judeocristiano occidental y tiene por mito fundacional el Génesis de la Biblia. De ahí provienen tanto Eva —la primera mujer y "madre pecadora" de la humanidad—, como Lilith, una figura oculta, no nombrada en la Biblia, pero reconocida como la primera pareja de Adán, según el mito hebreo que lleva su nombre. Estas dos figuras femeninas son nuestro origen simbólico, de acuerdo con las creencias culturales y religiosas que hemos heredado. Su existencia, seamos o no creyentes, ha permeado en nuestra sociedad, incorporándose en lo que se conoce como inconsciente colectivo.[1] Es decir, son parte de nuestra forma de ser, queramos o no. Aceptarlas hoy como dogma de fe siempre será una opción; pero vivir desde su literalidad —y la interpretación ventajosa que nos han impuesto— no debería de ser una alternativa viable, tomando en cuenta los resultados del pasado.

"No hay mentira más peligrosa que la que se parece a la verdad", solía decir el doctor Martín Maqueo, mi maestro de semiótica en la universidad. Hoy entiendo más que nunca esa frase. Por eso, encontrar la verdad acerca de Eva se convirtió en mi motivo de estudio por muchos años. Dejé de pensar en mí y me concentré en ella. Su imagen era mi espejo. La revisé por los cuatro costados, me sumergí en el texto bíblico y, después de mucho analizarlo, encontré que Eva no necesitaba ser salvada, porque nunca se perdió. Los hallazgos me llevaban por un camino claro: Eva en el Edén, al tomar del llamado "fruto prohibido", sabía lo que hacía y asumió sus consecuencias con dignidad. Y lo más importante: ¡jamás se separó de Dios! Hoy comparto estas premisas en el capítulo tres titulado: "Otra mirada para Eva", porque mientras estudiaba uno a uno los versículos que narran su vida, entendí que no los conocemos, que hemos dado por hecho lo que nos han dicho, que —una vez contado el cuento— no cuestionamos su historia. Eva fue sentenciada, y con ella todas sus hijas, sin que nadie comprobara que eso —siquiera— estuviera escrito. A lo largo de ese capítulo, me detengo con la paciencia y el cuidado que no tuvimos al momento de creer como cierto lo que nos dijeron sobre ella. Las conclusiones serán de ustedes, después de leerlo. Los siglos en que las mujeres hemos sido la "tentación encarnada" y "el origen de todos los males" nos han hecho mucho daño, pero verán ¡qué liberadora es la verdad y qué importante compartirla!

Por otro lado, al estudiar la Biblia, mi encuentro con Lilith fue inevitable. Me hallaba sumergida en el texto que la escondía. Buscando un mito antiguo me topé con la primera mujer de Adán. ¡Sí, otra mujer en el Edén!, y una que había dicho **no** por primera vez. Una mujer rebelde que levantó la voz para exclamar: "¡Esto no lo quiero! ¡Merezco lo mismo que tú, Adán! ¡No estoy de acuerdo contigo!". Lo más sorprendente es que ella misma se marchó del Paraíso. La necesidad de estudiarla fue una punzada que me atravesó al saber que era considerada un demonio, que estaba prohibido nombrarla, y —peor aún— indagar sobre ella.

Decidí que Lilith merecía un capítulo completo de este libro. Simplemente con su nombre: "Lilith". Y así me adentré en los mitos hebreos, en su magia y en su miedo; en sus mensajes ocultos y sus dobles enseñanzas, insertadas en los sentimientos colectivos a lo largo de los siglos. Mi curiosidad, tachada de necedad, tuvo sus regalos y consecuencias. Pero el descubrimiento valió la pena. Lilith se me revelaba como la gran silente: capaz de resistir inventos y maldiciones, de sostener su verdad y pagar el precio por contradecir a su hombre, a Adán. En su arquetipo[2] podía ver a todas las mujeres acalladas por la fuerza, porque no conviene ni la libertad, ni la voz propia, ni la opinión de una mujer, mucho menos si contradicen lo que dictan la sociedad, la comunidad y sus líderes.

Estudiar a Lilith no fue fácil. Desenmarañar la verdad, tirar a la basura fuentes piratas y desenterrar la historia —con más de dieciséis siglos de creación y tránsito de boca en boca— representó una odisea. Pero lo más difícil fue aceptar que todos tenemos algo de ella. Hombres y mujeres somos Lilith. Yo lo soy. Cuando me asumí con honestidad y miré mi "nueva" determinación para poner límites —mi recién adquirida capacidad para decir *no*, mi rebeldía oculta en aparentes negociaciones, mi transformación interna y la libertad que descansaba en un nuevo par de alas (mucho más fuertes que mis heridas)—, entonces Lilith me habitó en paz y pude escribir sobre ella.

También resultó vital hacer un estudio objetivo de la Biblia: saber cuántas versiones existen, cuándo fue escrita y traducida, por quién, en qué contexto y con qué propósito. Es decir, definir sus características fundamentales y sus diferencias concretas. Solo así, antes de dar por hecho que la conocemos o entendemos —o de indagar por qué leemos una versión y no otra—, podremos acercarnos con fundamento cristiano, católico, judío e histórico a las llamadas Sagradas Escrituras. El segundo capítulo de este libro, "De Biblias a biblias", aborda justamente ese tema, antes de adentrarnos en la investigación sobre Eva… y Lilith.

Pero Eva y Lilith no solo habitan en los textos antiguos: también viven en las imágenes, los cuerpos, los trazos y los símbolos que artistas de todos los tiempos han intentado capturar. Por otro lado, los modelos o personalidades enmarcados y definidos han sido, desde la época de los oráculos, un imán para quien necesita entenderse. A veces lo que miramos de nosotras mismas simplemente no es suficiente. Pero identificarnos con una imagen o con alguien más nos ayuda, nos contiene, nos enseña… y, sobre todo, nos permite cimentar lo que nos gusta de nosotros o reunir la fuerza para cambiar lo que nos incomoda.

"En el Espejo de Eva y Lilith" es el capítulo donde retomo catorce obras de artistas de todos los tiempos que pintaron a estas dos mujeres como musas de su inspiración. Sus creaciones me sirvieron como base para explorar las posibilidades infinitas que provocan ambas y, por tanto, que existen en nosotras. Sumé igualmente una última imagen: la Mujer Madre, que fusiona la dulzura y sabiduría de Eva con la fuerza y determinación de Lilith. Las quince imágenes son mi propuesta de esencias de mujer, la respuesta gráfica sobre qué Eva o Lilith estás siendo y cuál quieres habitar: son un espejo que no solo nos permite vernos, sino reconocernos.

"El arte sí salva vidas", asegura el dramaturgo y filósofo canadiense Wajdi Mouawad. Y además de ser bello, es útil —añado yo—, porque, si queremos, podemos reflejarnos en él y entendernos un poco más.

A partir de estas pinturas —interpretadas con base en un análisis formal del arte, en combinación con la observación de la mujer actual y de mi propio proceso de vida, de mi supervivencia como Eva y transformación como Lilith— propongo los arquetipos de mujeres que expongo en este libro. Mirarlas e identificarte con ellas no tiene el objetivo de limitarte. No creo en la utilidad de las etiquetas, sino en el beneficio de los espejos. Al reflejarte en las características de alguna Eva o Lilith podrás ver de ti lo que quizás todavía estaba oculto y estás lista para aceptar, depurar… integrar. Nos creamos desde la mirada del otro.

Como dice Mati Covarrubias: "Yo soy lo que sé de mí… pero también lo que tú me dices que miras".[3]

EL CALDERO

Así, este libro es un caldero donde la investigación académica se mezcla con la observación de la vida y el lenguaje cotidiano que nos une. La historia de la mujer y los mitos de Eva y Lilith fueron los ingredientes primordiales elegidos para la pócima. El resultado es un espejo, y la posibilidad de que las mujeres nos miremos y, desde el reflejo, nos construyamos y reconstruyamos.

También permite que el hombre comprenda nuestra realidad, procesos, fuerza y dolor desde la observación objetiva y sustentada de su historia. Que se dé la oportunidad de reconocer la lucha de la mujer no como reacciones contra él, sino como acciones necesarias para recuperarse a sí misma. E identifique, si puede, su participación en el daño —consciente o inconsciente— a la mujer. Solo desde el reconocimiento se siembra el cambio.

Más allá de todo, *Las hijas de Eva y Lilith* es un libro que propone preguntas: hoy, ¿qué tipo de mujer eres, qué Eva eres y cuál quieres ser? ¿Es verdad o mentira que Lilith te habita? Y lo más importante: ¿para qué nos sirve saber todo esto?... Realmente mi esperanza está puesta en que puedas convertir este conocimiento en un camino y práctica en tu vida.

Así pues, pido permiso para separarme por momentos de la academia y no ser solo la que estudia, sino la que vive, la que interpreta y la que comparte. Decido ser yo misma: más completa, más humana, reinventándome junto con ustedes que me leen.

UN LIBRO DE MUJERES ÚTIL PARA LOS HOMBRES

Este libro nos habla a las mujeres y cuenta nuestra historia, pero no es solo para nosotras. Las diferencias entre mujeres y hombres —y las distancias sociales que se impusieron entre ambos— han sido parte de un péndulo en nuestra historia como humanidad. Pero hoy, necesariamente, esas distancias deben acortarse, fusionarse en la realidad de nuestros complementos como hombre y mujer, sin más lucha que esa misma: la de estar unidos desde el respeto a nuestra propia identidad y a la del otro.

Por eso, a los hombres lectores —valientes, amorosos, conscientes—, la invitación a través de este libro es a conocer más a las mujeres… y, por lo tanto, a ustedes mismos.

Porque así como a la mujer se le acusó de culpable desde el mito de Eva, a ustedes se les ha negado la posibilidad de ser libremente, de sentir en plenitud, de llorar humanamente, de sensibilizarse, de hablar con paz de lo que quieren. Lo femenino dentro de lo masculino fue prohibido durante siglos. La delimitación rígida de los géneros —a partir de la interpretación errónea de estos mitos— ha sido una forma de castración para ambos lados. *Las hijas de Eva y Lilith* es un acercamiento a nuestra liberación.

Merecemos y punto

La mirada objetiva de la historia y de los mitos no tiene por objetivo resaltar lo negativo de la humanidad por encima de nuestras inmensas posibilidades. Saberlo es suficiente; acentuarlo es multiplicarlo. Pero el conocimiento libera, y la claridad potencializa.

Mi propuesta en este libro es contarnos con honestidad lo que fuimos e hicimos. Hacerlo es como sentarnos en círculo alrededor del fuego —como acostumbraban nuestras ancestras para rezar o contar cuentos—. Pero ahora para mirarnos, reconociendo quiénes somos, entre el calor de la luz y la sombra.

En *Las hijas de Eva y Lilith* hago una descripción objetiva de los mitos que hemos creído como verdad, así como de la historia que quizás desconocíamos. Eso nos abre una oportunidad: la de sacar conclusiones personales y, desde ahí —desde la verdad transparentada y propia— reconciliarnos con el pasado. Honrando lo que merece ser dignificado, perdonando lo que ya pasó, y sintiéndonos tan ligeras como quien suelta una maleta después de un largo viaje. Es llegar a casa, y habitar el hogar de nuestro presente con los ojos bien abiertos… pero no por tensión, sino por apreciación.

Ser mujeres que viven sin mentiras históricas es conocer los mitos y reconocerse en ellos. Tomarlos como un referente de vida y del pasado, de lo que nos ha formado y deformado como sociedad hasta liberarnos de lo que ya no necesitamos. Es atrevernos a ser mujeres valientes que saben aprovechar lo que ya fue sembrado por otros y otras. Usar los caminos que sí están abiertos y las veredas trazadas para dejar de ser testigos de una vida que nos vive, y abrazarla desde lo que hoy sí podemos hacer. Que sirva mirar la historia y sus mitos para incorporar nuestro valor.

Yo veo un futuro mejor. Reconozco lo que no hemos logrado y lo que aún nos falta. Observo que de ese contraste surge la fuerza para continuar y hacer más. Lo que no está alineado y se siente incómodo en nuestra vida personal y en nuestras sociedades se convierte en la plataforma para construir los cambios que merecemos. Esa es, quizás, la palabra que aún nos queda pendiente asimilar: *merecemos*.

Merecemos. Así, simple, llano y fácil. Merecemos porque sí. Por el tránsito que hemos cruzado, por nuestra existencia en sí misma, por eso que tú y yo sabemos internamente, eso… que nos dicta la intuición. Merecemos. Y punto.

La historia del sacrificio como camino de superación me parece que es otro mito: uno que cumplió su propósito, pero ya caducó. La suavidad —estoy convencida— es la que permite vivir un estado donde cocreamos y nos permitimos recibir lo que anhelamos con mayor facilidad. Quizás a eso se refería Joseph Campbell cuando dijo: "Si persigues tu felicidad, te sitúas sobre una especie de camino que ha estado ahí todo el tiempo, esperándote… y la vida que debería de ser vivida es la que vives".[4]

El contraste parece ser un requisito para impulsarnos. Pero el cambio y la evolución provienen de la certeza pacífica de que sí *merecemos otra historia*: una que nace de la libertad de trascender mentiras. Pero primero hay que conocer esos mitos, y discernir qué queremos vivir y qué es lo que estamos listas para evolucionar… y entonces, caminar nuestra vida de forma consciente. Porque el tiempo en que otros decidan nuestro camino personal —lo que nos toca hacer o transitar— se extingue con la decisión interna de que así sea.

I

DE DIOSAS A BRUJAS
¿QUÉ HICIMOS TODOS Y DÓNDE
ESTAMOS LAS MUJERES HOY?

LA EVIDENCIA DE LA DIOSA EN LA TIERRA

Fuimos diosas. Hace más de 25 000 años antes de nuestra era, lo fuimos. En cada región del planeta los hallazgos arqueológicos revelan la centralidad del papel de la mujer: vasijas con forma de matriz, figuras de cuerpos femeninos frondosos y desnudos, con vientres y senos abultados, y caderas que dan vida son testigos de ese tiempo.[1]

En el pensamiento mágico-religioso de las primeras civilizaciones, la mujer se solidarizó con la fertilidad de la tierra. Eran lo mismo: dadoras de vida. Apenas fue descubierta la agricultura, su cuerpo —capaz de dar vida— se igualaba con el milagro de las semillas que florecían, alimentaban.[2]

Las diosas madre se convirtieron en la divinidad central de las sociedades solidarias, y la mujer ocupaba un lugar privilegiado. Los hombres estaban encargados de cazar; ellas, de sembrar y cosechar. No había propiedad: nadie era dueño de nadie, ni de los hijos, ni de las mujeres, ni de la tierra, ni de otros hombres. Eran sociedades matriarcales, de orden familiar y horizontal, que se organizaban por habilidades, no solo por jerarquías.[3]

En el mundo contemporáneo y occidentalizado en el que vivimos, de pronto se nos olvidan el camino andado, las luchas y nuestro origen. Pero somos el resultado de todo ello. Hoy las mujeres nos movemos con la rapidez de las hormigas en el hormiguero: cargamos diez veces nuestro peso y ocupamos nuestro sitio generalmente elegido —con o sin conciencia de ello—. Pero también ¡dejamos de ser diosas!

DE LOS DIOSES DE LA GUERRA AL PRIMER DIOS-PADRE

Si seguimos la historia y los rastros de la mujer, y su lugar en las distintas civilizaciones, primero observamos que las sociedades matriarcales y solidarias desaparecieron cuando la guerra arrebató a las mujeres su sitio privilegiado. La organización y el funcionamiento de sus aldeas eran demasiado atractivos para los pueblos vecinos. Fueron invadidas, y el dios de la guerra ocupó su lugar. Dejó de ser lo más importante quién daba la vida; ahora lo era quien era capaz de quitarla. La fuerza y el miedo se impusieron.

Hubo también un profundo cambio simbólico y jerárquico en la valoración de la mujer con el surgimiento de la religión de Abraham. Por primera vez es Dios quien busca al hombre, y no al revés. Un Dios que es padre y todopoderoso, que deja de estar asociado con las fuerzas de la naturaleza —como el dios sol, el dios cielo, el dios océano o el del inframundo— y con ello también desaparecen las divinidades femeninas, especialmente la Diosa Madre. Todo queda centralizado en un Dios masculino, *Pater*, que exige fidelidad a través de un pacto físico marcado en el cuerpo solo del varón: la circuncisión. Las mujeres quedan relegadas de ese pacto y de esa relación directa con lo divino. Es a los hombres a quienes se les promete una tierra, una descendencia innumerable, poder y abundancia. Eso sí, a cambio de que todas las demás deidades fueran ahora consideradas como una abominación frente a sus ojos. Deberán ser destruidas y jamás adoradas. A lo largo del Antiguo Testamento encontraremos, por lo menos, una veintena de ocasiones —entre el Éxodo, Levítico, Deuteronomio y Josué— donde se prohíbe explícitamente fabricar imágenes, adorar ídolos o rendir culto a otras deidades que no sean Yahvé. Esto representa el paso de un mundo poblado de divinidades —entre ellas múltiples diosas— hacia uno monoteísmo masculino centralizado.

Las mujeres van perdiendo su valor y se aprecian únicamente en cuanto esposas para ser madres de los hijos de esos hombres "elegidos". Su función es servir al propósito para el cual ellos han sido llamados, y por supuesto, la relación íntima con sus antiguas diosas queda prohibida.[4] Este proceso marcó una ruptura con la tradición de lo sagrado femenino y la imposición de un nuevo orden *patrifocal*, donde la espiritualidad de la mujer quedó subordinada o proscrita.

Musas, casi esclavas; discípulas olvidadas y el fuego de las diosas que se extingue

Es la historia universal la que nos va dejando las huellas de cómo eran consideradas las mujeres en cada tiempo y civilización. En nuestra línea directa de herencia occidental, por ejemplo, la posición de la mujer en la civilización griega —aun cuando las idealizamos como musas inspiradoras o elevadas a diosas del Olimpo—, en realidad era ser casi esclava.

Socialmente no tenía un sitio propio, ni se le consideraba más que como sujeta al varón.

Aristóteles lo escribió así: "El varón es por naturaleza superior, y la mujer inferior; el uno manda, la otra obedece. [...] El esclavo carece totalmente de razón; la mujer la tiene, pero sin eficacia".[5]

La ambivalencia, es decir, los dos extremos de un mismo péndulo, fue el rasgo característico de la realidad femenina en el Mediterráneo desde aquellas civilizaciones y continuó sin cambios incluso tras la caída del Imperio romano, la cual, lejos de mejorar la situación de la mujer, la profundizó.

La llegada de un "hijo de Dios" que quiso hacerlo distinto

Hacia el año 30 de nuestra era, tenemos el registro no solo bíblico sino también histórico de la llegada a Galilea de un hombre nazareno que hablaba de amor y rebeldía. Que se oponía a las formas incongruentes de los fariseos, que les predicaba a todos los judíos y se acercaba a los enfermos, a los pecadores, a los impuros… y a las mujeres. Su nombre en arameo, el idioma que él hablaba, era Yeshua, y lo conocemos como Jesús, el Cristo, para todos los creyentes cristianos del mundo.[6]

Pero antes de resucitar —según la tradición cristiana, al tercer día después de un suplicio inimaginable en la cruz—, ese hombre fue el único del que tenemos un registro claro y contundente en la Biblia que trató a las mujeres de manera diferente que todos los demás: las recibía como discípulas; no pedía de ellas un servicio ni doméstico ni sobajado. Eran, ante sus ojos, iguales a sus otros seguidores, incluso distinguidas sobre ellos: como la mujer del Evangelio de Lucas que lloró a sus pies y lo ungió con aceites preciosos. Cuando los discípulos la criticaron por sus formas y por su "fama", Jesús los reprendió, asegurándoles que su acto de amor sería recordado por toda la humanidad cuando él se hubiera ido. La misma cercanía sucede con Martha y María de Betania, a quienes ama y consuela; o con la samaritana del pozo, y con la mujer que, por sangrar, era considerada impura y vivía como paria, expulsada de las ciudades, sola. Él se deja tocar por ella, siente su fe, se acerca… y queda curada. Y sobre todas las mujeres (con excepción de su madre) está María Magdalena: la compañera fiel, la mujer de la que expulsó siete demonios y que, después, jamás lo abandonó. Es la única que lo acompañó lo mismo a predicar que durante el calvario de su tortura y muerte. La única que supo dónde estaba enterrado y corrió al sepulcro para terminar con los ritos de unción que los judíos hacían con sus muertos. Es a ella, a una mujer, frente a quien se muestra Jesús resucitado. Es ella la primera testigo. Es ella la Apóstol de los Apóstoles.

Si Jesús trató a las mujeres como iguales, al grado de distinguir a una de ellas como la primera apóstol (testigo), ¿qué fue entonces lo que pasó?[7] Porque es evidente que si ha existido una institución que ha negado el lugar a las mujeres y ha cometido, incluso, atrocidades a lo largo de la historia contra ellas —como veremos más adelante— ha sido la Iglesia católica.

Amo la historia, porque sin importar cuán incompleta nos parezca o cuán manoseada esté, siempre nos ayuda a entender lo que necesitamos saber. Yo creo que nací con una pregunta por idioma y, desde que usaba biberón, de mi boca ya salían signos de interrogación. Cuando una duda se me acomoda en el pecho, no puedo detenerme y me sumerjo para investigar y poder explicarme las cosas. Trato de entender a través del conocimiento. Y lo que encuentro, si me da luz, lo necesito compartir. De lo contrario, corro el riesgo de hacer una implosión.

Así fue como descubrí que la pérdida de nuestro valor personal como mujeres, y el sentido mismo de nuestra vida, se fue desdibujando entre movimientos políticos, creencias religiosas y formas de poder impuestos por los hombres.

Es importante que lo entendamos por partes, comenzando por lo vivido en el Imperio romano. Porque aunque parezca lejano, nosotras —aquí y ahora— somos herederas de esas formas.

Lo que sucedió después de la muerte de Jesús —en el año 33 según el consenso de la mayoría de las fuentes—[8] fue el surgimiento gradual del cristianismo: los seguidores de Cristo. Lejos de la idea de uniformidad en sus creencias y formas de vivirlas, el primer cristianismo fue dinámico, diverso e, inclusive, convulso. Era tan solo el principio de su construcción. Apenas entendían qué era lo que había pasado y difícilmente se ponían de acuerdo. Así lo describe, con toda claridad, la ministra de la Iglesia episcopal y gran teóloga contemporánea Cynthia Bourgeault:

El cristianismo primitivo fue un desorden de pluralismo, tan distinto según la etnia y el temperamento como las mismas tierras del Mediterráneo. Había cristianos judíos, cristianos griegos, cristianos romanos, toda una variedad de cristianos sirios y arameos, iniciados de las escuelas mistéricas, seguidores de la Torá, milenaristas y místicos, ascetas…[9]

Como quiera que haya sido el proceso de conversión al cristianismo, para el año 288 d.C., tan solo en el Imperio romano existían doce millones de cristianos viviendo a lo largo de su inmenso territorio. Lo increíble es que esta religión seguía proliferando a pesar de que sus seguidores fueran perseguidos y martirizados, sobre todo en el siglo II.

Lo que seguramente influyó fue la guerra civil que azotó Roma entre los años 235 y 284, que dejó millones de muertos, emperadores fugaces y calles llenas de huérfanos y viudas. El pueblo estaba necesitado de consuelo. Un nuevo Dios, más compasivo, menos indiferente al sufrimiento, se convirtió en refugio para muchos.

De emperadores a emperadores

El gran estratega que comprendió que esos cristianos podían ser algo más que una amenaza fue Constantino[10] (272-337 d.C.). Heredero de Constancio Cloro, resolvió una disputa entre ellos y selló un acuerdo político: si lo apoyaban, les daría libertad de culto y les devolvería lo que les había sido arrebatado. Así fue. En el Edicto de Milán (313 d.C.) se declaró la libertad religiosa, y se entregaron a los obispos las antiguas basílicas romanas como espacios para sus celebraciones.

Para entonces, la Iglesia ya estaba jerárquicamente organizada: obispos, presbíteros y diáconos, por supuesto todos hombres. Y desde el año 189, Ireneo de Lyon[11] había proclamado que solo había una Iglesia verdadera: la católica. Lo demás era herejía. Así comenzó a fijarse el dogma. Y con él, se filtró también el mensaje de Jesús, interpretado principalmente desde dos culturas: la hebrea y la romana.

Ninguna de las dos respetaba a la mujer. Al contrario, se caracterizaron por menospreciarla. Sabemos por ejemplo que en el tiempo de Jesús, las mujeres judías debían lavar los pies, la cara y las manos de sus maridos para recibir, a cambio, casa, comida, honras funerarias y cosmética. Tenían la obligación de mantenerse bellas como una virtud —obviamente solo para sus esposos— y era penado con la muerte por apedreamiento cualquier acto que sugiriera adulterio. No podían mostrarse como unas "vagabundas" en las calles, excepto cuando iban al templo o al mercado, pero aun así siempre debían ir acompañadas, y cuando no hubiera demasiada gente. Tampoco podían convertirse en discípulas de nadie, a no ser que su esposo o su padre las quisieran iniciar. Podían rezar solo en privado y de acuerdo con las leyes del lavado de manos, antes de la cocción de los alimentos y, principalmente, del pan del viernes. Así, no podían ir al templo solas, ni rezar en público, y estaban obligadas a los baños rituales (*mikve*) o a purificarse en agua corriente o en el mar, por *ser impuras* durante los días de su menstruación.[12]

Por su parte, en la cultura romana, la mujer era considerada legalmente incapaz. No por falta de inteligencia o fuerza, sino por una estructura social que la mantenía subordinada al padre, al marido o incluso al hijo. La ley la obligaba a tener un tutor varón para poder ejercer sus derechos civiles más básicos: administrar bienes, firmar contratos o heredar sin restricciones. No podía votar, ni ocupar cargos públicos, ni testificar con plenitud legal. Aunque existieron excepciones —como las vestales, sacerdotisas vírgenes dedicadas al culto de Vesta, o las madres de tres hijos liberadas de tutela—, la norma era clara: el poder, el nombre, la voz y la ley les pertenecían a los hombres. La mujer romana podía ser valiosa como esposa y madre, pero difícilmente reconocida como ciudadana en sentido pleno. Eran el eco de un imperio que la necesitaba para reproducirse, pero no para decidir.[13]

Ni el amor de Jesús ni la claridad de su mensaje con respecto a las mujeres fueron suficientes frente a las costumbres hebreas y romanas que se convirtieron en la raíz de la naciente Iglesia cristiana, católica, ortodoxa, la cual en el año 325 d.C. —por iniciativa del emperador Constantino— uniformó sus creencias, en el Concilio de Nicea, quedando establecida en el Credo Niceno, doctrina que se reza como declaración de fe hasta el día de hoy en la liturgia de las misas católicas.[14]

Ahora bien, 55 años después, será el emperador Teodosio el Grande (347-395 d.C.) quien cambie por completo el curso de la historia, al convertir el cristianismo niceno no solo en una religión permitida, sino obligatoria en todo el Imperio romano.[15]

Cualquier vestigio de otros tiempos, donde quedaban rastros del sagrado femenino, veía sus días contados…

Teodosio no se quedó en decretos ni palabras, y para el 391 d.C. comenzó la destrucción sistemática de los templos romanos. Los antiguos dioses fueron despojados de sus espacios sagrados, destruidos o convertidos en iglesias, y ellos prohibidos como fantasmas peligrosos.

Y el golpe final fue: ¡apagar el fuego de la diosa Vesta! La llama que durante siglos se mantuvo viva en los templos de la diosa Vesta,[16] así como en la entrada de las ciudades romanas más importantes, se extinguió por mandato imperial. Ese fuego era el símbolo del alma de Roma y del Imperio; significaba el calor de sus hogares, el pulso de sus dioses y un refugio para el corazón.

Las Vírgenes Vestales, guardianas del fuego sagrado, fueron dispersadas. Algunas fuentes aseguran que con violencia; otras, que simplemente volvieron al mundo que habían dejado siendo niñas. Pero el tiempo no registra sus voces, ni su llanto, ni su destino. Como si al apagarse el fuego, también se hubiera apagado su historia.

Por último, lo que durante siglos fue rito, honor y cuerpo glorioso en movimiento —los Juegos del Olimpo— se consideraron ahora superstición pagana, y fueron prohibidos en el año 393 d.C. Una era entera se consumía. Y con ella, la Roma que había sido. El Imperio se convertía oficialmente en cristiano. Las voces, los cuerpos y los símbolos de lo femenino como sagrado fueron silenciados.

La caída de un imperio y el tiempo entre eras

Teodosio cambió el Imperio incluso después de muerto: decidió heredar a sus dos hijos por partes iguales y, para hacerlo, dividió el territorio —literalmente— por la mitad. Arcadio, el mayor, recibió el nuevo Imperio de Oriente con capital en Constantinopla, y Honorio, hijo de su segunda esposa, Gala, gobernaría el territorio de Occidente, que tuvo capital en Milán y después en Rávena. Ambos eran jóvenes e inexpertos al heredar el poder, aun cuando Teodosio —en vida— los había elevado al rango de *augustos*, es decir, cogobernadores junto con él.

El gran Imperio romano presenciaba el inicio de su fin.

Esta medida provocó no solo dos gobiernos, sino también dos economías con monedas distintas y, quizá lo más delicado: dos ejércitos. La división los debilitó. Adicionalmente, la nueva religión impuesta —el cristianismo— mandaba no matar, no robar, no hacer mal al prójimo… Esto diluyó las formas aguerridas y violentas de los soldados del poderoso —en parte, por sanguinario— ejército romano.

A su vez, los pueblos bárbaros eran los *vecinos non gratos* del Imperio; extendidos a lo largo de todas sus fronteras, no detenían su asedio constante. Sin embargo, el peor de los enemigos se movía hacia ellos desde las vastas estepas de Asia Central, con la determinación de los pueblos que atacan con hambre y sed... de poder: los hunos. Liderados por Atila, se convirtieron en una ola de terror para todos, provocando un efecto dominó que empujó a los pueblos bárbaros hacia el interior del territorio romano.[17]

El Imperio de Oriente fue el primer afectado por su ubicación geográfica. Sin embargo, actuaron con gran rapidez y astucia: no hicieron la guerra, ni con bárbaros ni con los hunos. Bien asesorado, Teodosio II —hijo de Arcadio— mandó mensajeros con regalos y propuestas de intercambio favorables para los hunos. A través de diálogos políticos crearon una suerte de primeras embajadas dentro de los territorios tomados por los enemigos. Esta acción les permitió conocer sus formas de operar y sus debilidades. La técnica funcionó. Bárbaros y hunos dejaron intacto el territorio de Oriente y se lanzaron directamente al de Occidente.

En ese tiempo, Valentiniano III, sobrino de Honorio, se convirtió en emperador de Occidente tras la muerte de su tío. Sin embargo, su liderazgo sería débil y cobarde frente a la guerra que se avecinaba. Fue el obispo León I quien defendió la ciudad de Roma y enfrentó al temido Atila. Son famosas sus negociaciones con el jefe de los hunos, quien le concedió lo que pedía: detenerse en la frontera y no saquear la ciudad. Roma se salvó y León I se convirtió en una especie de padre —*Papa*— para los romanos, sería la figura moral y protectora de la gente, mientras que el general Flavio Aecio, apodado "el último de los romanos", se encargó de la estrategia militar que puso fin a la invasión de los hunos. Aunque el costo fue altísimo.

Los romanos de Occidente no tenían ya ni la fuerza, ni las armas, ni la capacidad para vencer por sí solos a los hunos. Flavio Aecio decidió entonces negociar con sus eternos enemigos: los bárbaros (quienes a su vez también corrían peligro por el embate de los hunos).

La propuesta romana fue una coalición: unir a los soldados romanos con guerreros godos, visigodos, alanos, galos, francos… con todos. Solo juntos podrían vencer a Atila.

Al entender la situación límite en la que estaban los romanos, los jefes bárbaros pusieron fuertes condiciones para aceptar la propuesta. Primero que nada, dejar de ser *federati* (grupos militares no reconocidos por el Imperio, sin territorio ni ciudadanía). Querían convertirse en ciudadanos romanos con todos sus derechos, pero además dueños de tierras, gobernadas por ellos mismos. Los romanos cedieron.

Los bárbaros unidos lucharon hombro con hombro al lado de los romanos, en la famosa Batalla de los Campos Cataláunicos —también conocida como la Batalla de las Naciones—. Atila fue debilitado. Se retiró a su campamento. Los hunos pensaban reagruparse, unir fuerzas, pero no contaban con la muerte de Atila, quien, en esos días de descanso, tomó la decisión de casarse con Ildico, una mujer —casualmente de origen ostrogodo— que había llegado al campamento huno enviada por su propio pueblo, en busca de una posible alianza. Era bella y pelirroja, una debilidad de Atila bien conocida por sus enemigos.

El jefe de los hunos murió en la noche de bodas. Supuestamente ahogado en su propia sangre, al sufrir una hemorragia nasal provocada por el exceso de bebida durante la boda. La otra teoría —seguro ya la adivinaron—: Ildico lo asesinó por orden de sus enemigos. Quizás nunca sabremos la verdad, pero los hunos quedaron sin liderazgo, una fragilidad que aprovecharon romanos y bárbaros para atacarlos. Vencieron. Los hunos se retiraron del territorio romano para siempre.[18]

¿Y todo esto qué tiene que ver con la historia de la mujer? Ese cambio de *federati* a dueños de su propio territorio fue honrado por los romanos, lo que provocó la *barbarización del Imperio*, término utilizado para nombrar el periodo en que los distintos pueblos bárbaros se asentaron en el territorio romano, ahora suyo.[19] Sus líderes recibieron el nombre de *Rex*, vocablo latino que da origen a la palabra *rey*.

Así, los siguientes reyes "de sangre azul" que gobernarían Europa eran, en realidad, jefes tribales bárbaros. Todas las costumbres, entonces, cambiaron. Por ejemplo: los baños romanos, famosos por sus aguas tibias, vapores y ricas fragancias aromáticas, se abandonaron, convirtiéndose en establos o porquerizas. El derecho romano, resguardado en tomos y tomos de leyes y casos legales, cayó en desuso: no servía más, porque para los bárbaros la oralidad y el honor de la palabra eran la costumbre. Prevalecería la ley sálica, en la cual importaban los acuerdos verbales, no los escritos (es más, muchos de los bárbaros no sabían leer ni escribir). Sin embargo, años después, fueron ellos mismos quienes introdujeron el uso de las mayúsculas y los signos de puntuación, que en el latín clásico romano no existían. En resumen: van a cohabitar con los antiguos romanos, ahora dominados por los jefes bárbaros.

Esto generó también movimientos profundos con respecto a las mujeres. En Roma, en general, las mujeres no gozaban de plena ciudadanía ni del ejercicio político. Sin embargo, sí podemos citar algunas excepciones que se dieron por la situación política específica de su época, como Pulqueria, que gobernó el Imperio de Oriente; Gala Placidia, que dirigió Occidente como regente, o Agripina y su profunda influencia en las decisiones imperiales en los tiempos del emperador Claudio y de su hijo Nerón. Existía, al menos, la remota posibilidad de heredar, de influir, incluso de gobernar. Con la barbarización del Imperio, esa posibilidad se extinguió.

La ley sálica impuso una norma clara: ninguna mujer podía heredar. Ni títulos, ni tierras, ni bienes familiares. Nada pasaría por el linaje femenino. No se trataba solo de impedir que una princesa llegara al trono, sino de eliminar la herencia femenina en todos los niveles: desde la hija del rey hasta la hija del campesino.

En ese nuevo mundo de reyes, bárbaros y pactos de honor, la mujer se convirtió en una pieza de ajedrez: movida por otros, usada en estrategias, sin espacio para importar por sí misma. *No faltaría mucho para que no pudieran siquiera opinar.*

Una reflexión necesaria

Basta con revisar estos detalles de la historia para sentirnos verdaderamente privilegiadas de vivir en este tiempo y espacio geográfico.

Esa valoración debe comenzar por honrar profundamente a todas las mujeres que, antes que nosotras, abrieron el camino. Las que resistieron. Las que se movieron. Las que rompieron esquemas, patrones, senderos. Y las que entregaron tanto —tanto— que incluso perdieron la vida por cambiar las cosas y heredarnos otro mundo.

Es cierto que aún nos falta mucho por hacer para lograr una paridad, un respeto y la dignidad que nos merecemos. Pero no hay —ni remotamente— punto de comparación con aquel tiempo donde simplemente no valíamos nada. Nada.

… Y todavía hay quien se pregunta: "Pero ¿por qué luchan tanto las mujeres?", sin darse cuenta de que en la historia está el tesoro de la memoria: fuimos diosas, sí. Y después comenzamos a perder todo derecho civil… ¡y ni hablar del sagrado!

Nos volvimos útiles para parir. Para trabajar —sin ningún derecho o pago, claro—. Para cerrar alianzas; piezas… monedas de cambio.

Pero las mujeres de ese tiempo, aunque estuvieron limitadas por todo lo que hemos visto, no dejaron de ser la luz y la sal del mundo. Tampoco perdieron su belleza, ni dejaron de inspirar deseo por el simple hecho de existir. Al final, eran *creaciones divinas*. Su magia seguía encendida.

Entonces, llegaron las hogueras. Desde mi punto de vista, son el fondo de la injusticia, de la sinrazón: destrucción sistemática, crueldad inmunda, miedo sembrado, traición profunda… La oscuridad se apoderó de la humanidad en ese tiempo y lugar.

Este fue el proceso: primero, ¡hay que convertir a los bárbaros! Una de las principales preocupaciones de la Iglesia romana tras la caída del Imperio era que la mayoría de los pueblos bárbaros eran paganos. Politeístas, sus deidades habitaban los bosques y las cuevas, el trueno o el mar. Thor, Odín, Freyja —su diosa del amor— y Ostara —de la primavera y el renacimiento— eran solo algunos de ellos. No estaban jerarquizados, y sus cultos eran tribales. Por eso, cualquier lugar de la naturaleza podía volverse sagrado: bosques, fuentes, montañas. No tenían templos. Hacían sacrificios rituales y contaban con adivinos y sacerdotes.

Pronto, los clérigos cristianos, inmiscuidos en todos los estratos de la sociedad y, en particular, entre las clases gobernantes, buscaron estrategias para lograr la conversión de todos. Era una tarea titánica: no solo eran politeístas, no sabían leer ni escribir; eran guerreros, y sus formas de gobierno distaban mucho de las romanas. Por ejemplo, sus líderes se elegían por la voz del consejo de ancianos, o por méritos de guerra.

Irónicamente, fue esa "desventaja" —el hecho de que no pudieran heredar el trono— lo que permitió que un brillante obispo, Remigio de Reims, convenciera a Clodoveo I[21] de abrazar el cristianismo. Si lo hacía, la Iglesia lo legitimaría como rey único. Ya no sería elegido por los hombres… sino por Dios. "Si aceptas a Cristo —le dijo—, diremos que tu poder viene de Dios. Y si viene de Dios… también puede heredarse".

Clodoveo aceptó. Fue bautizado en la Navidad del año 496 por el propio Remigio, en la ciudad de Reims. Junto con él, se convirtieron al cristianismo más de tres mil de sus hombres. No fue una conversión masiva del pueblo, sino un acto político y militar que no solo transformaba a un hombre, sino a toda una era: el cristianismo niceno dejó de ser ajeno a los pueblos germánicos y comenzó a ser parte de su identidad.

Así nació un nuevo orden: el de las monarquías sagradas, donde el poder del rey ya no provenía de la sangre ni del voto… sino de Dios. Era el inicio de una alianza entre la cruz y la espada.

Pero ¿cómo lograr que los demás jefes bárbaros aceptaran esta nueva estructura, si ellos también aspiraban a gobernar?

Una vez más, Remigio de Reims fue genial. Replicó la jerarquía eclesiástica y propuso un nuevo orden: a cada jefe que reconociera al nuevo rey como elegido divino, se le otorgarían beneficios especiales. Así nacieron los títulos nobiliarios: condes, duques, marqueses.[22] Junto a ellos estarían los obispos, párrocos y clérigos, acompañándolos… pero también vigilando, informando, regulando en nombre de la Iglesia.

El sistema quedó establecido. Cada señor feudal se convirtió en dueño de la tierra que le otorgaron: de los cielos y fronteras, de los ríos y playas. Montañas, campos, animales, frutos y flores. Pero también —y lo más importante— de las personas que habitaban esas tierras. No les decían esclavos, porque su nueva religión no se los permitía. Les llamaron siervos.

Los extremos de la escala social se agudizaron. La persona desapareció como individuo para volverse parte de una masa anónima. Solo destacaban los nobles, el rey y los altos clérigos.

Los artistas, por ejemplo, dejaron de ser reconocidos como individuos. Nadie firmaba sus obras. Eran creadores anónimos, al servicio del rey, de la Iglesia, de los señores. El arte no desapareció, pero ya no importaba el nombre detrás del pincel, del cincel, de la pluma. Lo esencial era glorificar el poder.

Ese era el intercambio: los señores feudales podían conservar sus tierras, siempre y cuando las hicieran producir y entregaran tributo al rey. A cambio, recibían poder, protección… y el privilegio de gobernar sobre sus dominios. El rey podía, si así lo deseaba, habitar los castillos o palacios de sus señores en cualquier momento. Y si el rey los necesitaba, ellos debían acudir con ejércitos y consejo. Era el pacto de vasallaje.

Para cumplir con esas obligaciones, los señores feudales explotaron a los siervos. Les exigían trabajar sin descanso y cobraban tributos altísimos para sostener lo que debían al rey y quedarse con una parte. Los más oprimidos terminaban siendo siempre los siervos. Sujetos a la tierra. Sujetos al señor. Sujetos a un orden que no los reconocía como personas. Hubo excepciones, sí. Algunos señores protegieron a su gente y promovieron cierta prosperidad en sus tierras. Pero en un sistema construido sobre la desigualdad, el mejor de los señores era, simplemente, el menos cruel.

Y entre las formas más brutales de esa opresión, estaban las que recaían sobre las mujeres. Como el derecho de pernada —aquel que permitía al señor feudal tomar (por no decir violar) a la mujer sierva en su noche de bodas—. Aun cuando no hay pruebas suficientes para afirmar que haya sido una norma escrita o universal, su sola mención, su sola sombra, pesó durante siglos como símbolo de sometimiento.

Hubo señores que, amparados en su poder absoluto, transgredieron todo límite, incluida esa noche sagrada. Lo hacían como forma de dominación, de castigo, de control. Era una violación en todos los sentidos: del cuerpo de la mujer, de la dignidad de su esposo y sus familias, de la humanidad misma. Y así, incluso en su lecho nupcial… la mujer era como tierra tomada. Tierra de todos, tierra arrebatada.

La sociedad medieval era desigual. Punto. Y la Iglesia, fusionada con el Estado, se volvió cada vez más poderosa; su influencia era absoluta: ostentosa, astuta; imponía la ignorancia a la gente, usaba su fe para provocar miedo, culpa y una profunda superstición. Todas estas formas se convirtieron en potentes herramientas de control.

Pero como bien decía Søren Kierkegaard, el poeta del cristianismo:[23] "El problema nunca ha sido Cristo, sino la cristiandad". Es decir, la interpretación y el manoseo de la Verdad y el Mensaje que un día Jesús, el nazareno, trató de dar.

Fue en este cambio, aunado a una religiosidad extrema cada vez más exacerbada, que la mujer quedó nulificada y después en peligro. El versículo que alguna vez definió a Eva como "la ayuda idónea de su marido" (Gn. 2:18) fue olvidado y sustituido por el tercer castigo que Eva recibió directamente de Dios: "Tu deseo será para tu marido, y él se enseñoreará de ti" (Gn. 3:16); es decir: tu marido será tu señor. De hecho, en la Edad Media,[24] justamente por el sistema feudal, la palabra *señor* adquirió una nueva connotación: significaba *dueño*.

La combinación de circunstancias, las interpretaciones ventajosas y las costumbres enraizadas en esta época dejaron a la mujer como una propiedad del padre que pasaba al marido, el cual sería su señor y, por tanto, su *dueño*. El patriarcado estaba consumado.[25]

A partir de aquí, era la religión la que dictaba el comportamiento de la mujer. Tenía que obedecer por mandato divino… o más bien, por castigo divino. Sin más, dejó de tener valor en sí misma. Su centro interno: anhelos personales, sueños, particularidades —todo— se diluyó en las decisiones del padre y después del esposo, *porque era su castigo*. Lo doloroso es que también fueron forzadas a cumplir estas normas de comportamiento por sus propias madres, sus abuelas y el linaje femenino completo… que había cedido poco a poco al poder de los hombres. Duele. Aunque se entiende.

Porque si una hija no era casta, virtuosa y obediente, la culpable inmediata de esa "desdicha familiar" era la madre, que no había tenido la capacidad de cumplir con su única obligación: criar a los hijos después de parirlos.

De estos patrones somos herederos todos y nosotras, además, guardamos en nuestra memoria colectiva las hogueras.

¡Ahora, hay que matar a los herejes!

Hasta el siglo XI, la Iglesia había dirigido su fuerza contra los llamados infieles —principalmente los musulmanes, seguidores de Mahoma—, considerados una amenaza poderosa por su expansión territorial y cultural. Se les combatió en guerras, persecuciones, campañas organizadas o individuales y, por supuesto, en las famosas cruzadas.[26]

Pero ese impulso cambió drásticamente a inicios del siglo XIII, cuando el papa Inocencio III emprendió una cruzada, por primera vez, no contra los infieles, sino contra los propios cristianos.

Había que perseguir y exterminar a los cátaros:[27] hombres y mujeres que vivían una espiritualidad cristiana distinta, ascética y libre. Eso bastaba para incomodar al dogma católico.

Pero había también una motivación política: adueñarse de los territorios del Languedoc, gobernados por nobles que no solo toleraban a los cátaros, sino que en muchos casos formaban parte del movimiento. Entre ellos destacaban las mujeres, defensoras y practicantes de esta forma de cristianismo más puro y coherente. Eran los territorios de la antigua Occitania, hoy parte del sur de Francia, donde florecía una cultura libre, refinada y profundamente incómoda para el poder. Porque en Occitania, la fe no era sinónimo de obediencia ciega, y el espíritu hablaba con otra voz: *langue d'oc*, que significa literalmente "lengua del sí".[28]

Para Inocencio III esto era inconcebible y, al mismo tiempo, demasiado atractivo. Organizó así la primera cruzada contra una herejía. Una guerra de cristianos contra cristianos.

La palabra *herejes*, aunque hoy en día suena como algo maligno y, por tanto, peligroso y prohibido, en realidad se refería simplemente a personas que creían en el mismo Dios que ellos, en Jesús, el Cristo. Pero de manera diferente. Las herejías no eran religiones ajenas. Lo que las volvía peligrosas era su independencia del control romano. El ataque fue brutal.

El 22 de julio de 1209, los cruzados papales penetraron las murallas de la pacífica ciudad de Béziers y perpetraron una de las matanzas más crueles de la Edad Media.

Lo peor es que la matanza ocurrió dentro de la iglesia, ese refugio que los habitantes consideraban sagrado. Pero no hubo piedad. Ni distinción. Mujeres, niños, católicos, cátaros, incluso judíos, por igual fueron masacrados.

Las crónicas de la época cuentan que, cuando los cruzados le preguntaron al legado papal cómo distinguir a los fieles de los herejes, respondió con una de las frases más siniestras de la historia eclesiástica: "Matadlos a todos. Dios reconocerá a los suyos".[29] Poco después, seguiría una forma institucionalizada de indagar, perseguir y someter a todos los que la iglesia considerara una amenaza… la "temible y santa" Inquisición.[30] En nombre de la ortodoxia, la Inquisición marcó con fuego —y con miedo— la historia de la fe.

La llama que antes servía para encender las fogatas de los campamentos cristianos frente al "supuesto enemigo", ahora comenzaba a arder dentro de casa. Y en ese fuego, muy pronto, comenzaron a caer las mujeres.[31]

¿Por qué el odio a la mujer? ¿Por qué hostigarla de esa manera, si ya no podía heredar ni tener bienes? Si debía obediencia a su padre, y luego a su esposo, si era castigada brutalmente cuando no lo hacía…

¿Por qué ahora perseguir a las mujeres, acusadas de brujería? ¿Qué fue lo que pasó? ¿Y cuáles fueron las consecuencias?

Análisis históricos puede haber muchos. Pero el motivo —la raíz profunda de ese odio, al grado de matar en nombre de Dios— para mí fue la imposición del celibato. Hoy en día nos parece lo más común ver que sacerdotes, párrocos, obispos y todos los rangos de la Iglesia sean célibes, es decir, que no se casen ni tengan familia. ¡Pero no podemos dejar de observar la renuncia que esto implica!

De hecho, el propio Jesús, al hablar con sus discípulos sobre el matrimonio, lo nombró como una gracia especial, un don para el cual no todos estaban listos. Les explicó que la ley de Moisés permitía el divorcio y el repudio a la mujer, no porque fuera justo, sino por la dureza de su corazón.

El celibato no aparece en sus palabras como mandato. Solo menciona que hay quienes rechazan el matrimonio por el Reino de los Cielos, pero *nunca fue requisito, ni siquiera sugerencia.*[32] El celibato será una interpretación, de la interpretación… de la interpretación.

Veámoslo por partes: Pablo o Saulo de Tarso, san Pablo,[33] el último de los apóstoles, el autor de las epístolas —que no conoció en vida a Jesús, pero sí tuvo con él un encuentro transformador— será el gran guía para los primeros pueblos cristianos: corintios, romanos, gálatas, efesios, filipenses, colosenses, tesalonicenses… y demás. Todos estaban aprendiendo —como ya vimos— a ser seguidores de Cristo.

Y Pablo incorporó, a través de sus cartas y comunicación con ellos, una ética del comportamiento. Fue él, por ejemplo, quien marcó la línea de pensamiento sobre cómo debería de ser la mujer dentro de la Iglesia, con respecto a su marido, en sus oraciones y hasta en su vestimenta:

Los felicito porque siempre se acuerdan de mí y mantienen las tradiciones que les transmití. Pero quiero que entiendan que Cristo es cabeza de cada hombre, y que el esposo es cabeza de su esposa, así como Dios es cabeza de Cristo. Si un hombre se cubre la cabeza cuando ora o cuando comunica mensajes proféticos, deshonra su cabeza.

Porque si una mujer no se cubre la cabeza, más vale que se la rape de una vez. Pero si la mujer considera vergonzoso cortarse el cabello o raparse la cabeza, entonces que se la cubra.

El hombre no debe cubrirse la cabeza, porque él es imagen de Dios y refleja la gloria de Dios.

Pero la mujer refleja la gloria del hombre, pues el hombre no fue sacado de la mujer, sino la mujer del hombre.

Y el hombre no fue creado por causa de la mujer, sino la mujer por causa del hombre. Precisamente por esto, y por causa de los ángeles, la mujer debe llevar sobre la cabeza una señal de autoridad (1 Corintios 11: 2-11).

No podemos olvidar también que Pablo fue —antes de su conversión—, ante todo, judío y fariseo. Es decir, el cumplimiento de la ley y la impecabilidad moral eran parte esencial de su manera de pensar, vivir y actuar. Entonces, a través de sus recomendaciones —sobre todo escritas en la primera carta a los Corintios—, se interpretó que su enseñanza hablaba del celibato como el mejor —casi único— camino para seguir a Dios en pulcritud:

En cuanto a lo que me escribisteis, bueno le sería al hombre no tocar mujer; pero a causa de las fornicaciones, cada uno tenga su propia esposa, y cada una tenga su propio esposo. […] Digo esto como concesión, no como mandamiento.

Porque quisiera que todos los hombres fueran como yo; pero cada uno tiene su propio don de Dios, uno a la verdad de un modo, y otro de otro.

Digo, pues, a los solteros y a las viudas, que bueno les fuera quedarse como yo; pero si no tienen don de continencia, cásense; porque mejor es casarse que estarse quemando (1 Corintios 7:1-9).

¿No leemos en estas palabras más una sugerencia que una imposición? De hecho, durante los primeros siglos del cristianismo, los presbíteros, obispos e incluso los papas podían casarse, compartir la vida con una mujer, tener hijos y sostener una familia. Solo los monjes, por elección de vocación y regla, vivían en abstinencia.

Fue en el siglo XI cuando el papa Gregorio VII promovió esta transformación para fortalecer el control y la moral del clero.

Y después, Inocencio II, un siglo después, en 1139, durante el Segundo Concilio de Letrán, declaró que *cualquier matrimonio sacerdotal era inválido.*

Así, lo que en san Pablo era una sugerencia —"mejor quedarse como yo"—, se convirtió en un requisito inamovible para servir a Dios desde las estructuras oficiales de la Iglesia. La razón aparente era espiritual: que el sacerdote pudiera entregarse por completo a su comunidad, sin dividir su atención entre Dios y una familia. Suena lógico.

Pero había razones más profundas. Una de ellas, y muy importante, era económica. Si un sacerdote tenía esposa e hijos, ¿quién heredaría sus bienes? ¿La Iglesia o su linaje? El celibato aseguraba que las propiedades y tierras eclesiásticas no se perdieran. Y la segunda: la degradación que existía hacia el acto sexual. De las incipientes leyes de pureza heredadas del mundo hebreo, lo sexual, el cuerpo de la mujer y el deseo carnal dejaron de ser naturales.

Mientras más nos alejábamos de la tierra y los rituales de fertilidad, más impuro era el acto sexual y más extraña la mujer, con sus ciclos y "poderes de atracción".

Tener relaciones sexuales se convirtió entonces en un mal necesario, solo aceptado para la procreación. Todo placer era indecencia. Es por ello que —por más increíble que parezca— no será sino hasta el siglo XII que el matrimonio se incorpore como sacramento. ¿Se imaginan? ¡Siglo XII!

Tenemos testimonios de esta mentalidad todavía posteriores, como el del papa Inocencio III (muerto en 1216 d.C.), quien llegó a declarar: "El acto sexual es en sí mismo tan vergonzoso que es intrínsecamente malo". Y uno de sus teólogos añadió aún más: "El Espíritu Santo abandona espontáneamente el cuarto de los esposos que realizan el acto sexual, incluso cuando su único fin es el engendramiento".

Los esposos, incluso dentro del matrimonio, vivían una suerte de pecado al tener relaciones carnales. El encuentro íntimo era considerado una mancha para el alma, y tenían que confesarse por haber cometido esa falta. ¿Cómo entonces poder conciliar el deseo humano natural con la prohibición impuesta desde lo alto?

Todo ese tiempo de prejuicios, prohibiciones y sospechas sembró las semillas perfectas para la misoginia religiosa. Porque alguien tenía que cargar con la culpa de esos deseos considerados impuros.

De ahí a la herejía contra las mujeres —acusadas ahora de ser brujas— solo hubo un paso. Del pecado al peligro. Del cuerpo al crimen. Del deseo… a la herejía.

¡Quememos a las brujas!

A finales del siglo xv, el dominico Heinrich Kramer —inquisidor oficial en la región del Tirol— y Jacob Sprenger[34] —maestro de Teología y prior del convento de Colonia— reunieron siglos de prejuicio y doctrina en un sola volumen: el *Malleus Maleficarum* o *Martillo de las brujas*, publicado en 1487.[35]

Aunque el texto fue rechazado por la Facultad de Teología de la Universidad de Colonia, sus autores encontraron respaldo en una bula papal de Inocencio VIII, y con ella en mano legitimaron su obra. Ya no era un tratado. Era un manual. Una guía para cazar.

La persecución tomó forma. El pensamiento fue sistematizado. Y la presa estaba clara: la mujer, "por ser débiles de pensamiento y de moral", "por hacer pactos con el diablo, por provocar los deseos carnales en el hombre".

La maquinaria inquisitorial se puso en acción: pueblo tras pueblo se elegían a las mujeres para ser interrogadas —torturadas—

y eran obligadas a confesar quiénes eran sus cómplices. El dolor, el terror y el más puro instinto de sobrevivencia las hizo, en muchos casos, inventar quiénes eran "las otras brujas". La traición se sembró en los pueblos y ciudades: las mujeres no sabían quién las había delatado, ni por qué, no tenían idea de qué se les acusaba. Después venían las ejecuciones públicas, castigos ejemplares: más miedo, más control. El olor a humo, leña y carne quemada duraba días en los pueblos.

Ningún otro libro —salvo la Biblia— fue impreso tantas veces durante la Edad Media como el *Malleus Maleficarum*. Tuvo al menos veintiocho ediciones en dos siglos, fue traducido a cuatro lenguas y, por primera vez, se imprimió en un formato pequeño, diseñado para que los inquisidores pudieran llevarlo consigo. Con él, literalmente, se inventaron las ediciones de bolsillo. Fue usado no solo por la Iglesia católica, sino también por los protestantes —que en algunos casos serían aún más severos en sus acusaciones y castigos—, así como por el poder civil.

¿Quiénes eran sospechosas? Las viudas y solteras. Las que preferían caminar solas por el bosque. Las que no se persignaban frente a las iglesias, o escupían cerca de ellas. Las que sabían de plantas, de remedios. Las que miraban mucho la luna. Las que amaban a los gatos… o tenían un burro.

Es por demás ridículo —lo sé—. Pero era real y simplemente deducimos: ¿quién podría salvarse una vez que era señalada?

El terror se sembró. Y la cosecha de ese miedo —si nos observamos con detalle— la seguimos cultivando cada vez que dudamos de nuestros propios dones o cuando desconfiamos de la fuerza y verdad de nuestra intuición, así como esas veces que sentimos miedo sin entender por qué.

¿No han pensado que esa herencia —el ser señaladas, perseguidas, acusadas y quemadas— se nos cuela todavía en las entrañas?

Ese tiempo ya pasó. Nos toca a nosotras eliminar su huella. Recuperar la confianza. Usar nuestros dones para el bien más alto. De eso —y más— somos capaces. Además, el mundo, nuestra humanidad, nos necesita.

EL FIN DEL FUEGO Y EL INICIO DE LA LUCHA

Las hogueras se apagaron hasta el siglo XIX. Sí, ¡cuatro siglos después!

Irónicamente, Luis XVI —sí, el rey que gobernaba mientras se desató la Revolución francesa, nacido en 1754 y guillotinado en 1793— fue quien abolió formalmente la práctica de las persecuciones por brujería en Francia y apagó las hogueras por primera vez. Pero, según la tradición popular, más por amor a los gatos que por compasión por las mujeres, ya que al enterarse de que eran quemados con las mujeres acusadas, indignado, prohibió definitivamente las hogueras por brujería.[36]

En contraparte, España, sus colonias y reinos,[37] mantuvieron esta práctica hasta la abolición formal de la Inquisición en 1834. Sin embargo, todavía se registró una ejecución pública por herejía en 1856.

Los seres humanos somos capaces de perder toda nuestra luz y cometer atrocidades. Pero también de recuperarla y transformarnos. Hoy no nos mandan a la hoguera… al menos, no a la de leña. El poder curativo de las mujeres, el retorno a las plantas, a honrar la luna y sus ciclos, son prácticas que toman fuerza y naturalidad de nuevo; al igual que el respeto a la sabiduría ancestral, el consejo de las abuelas, los temazcales en nuestra tierra, los círculos de mujeres y los partos naturales. La magia innata femenina, la fuerza silvestre y todo eso que nos hizo diosas en la antigüedad comienza a ser cotidiano entre mujeres que prefieren usar copas menstruales en lugar de toallas femeninas, que indagan sobre comida más sana, trabajos más orgánicos, respeto para sus decisiones y búsquedas personales. Es el retorno de la "mujer salvaje", como la llama Clarissa Pinkola, aquella que "es tan inmensa que no tiene nombre"…[38] y que hoy vive de manera cada vez más natural entre nosotras.

Pero para llegar a esto muchas batallas se han librado.

A la Edad Media le siguió el Renacimiento: la mirada de los artistas, filósofos y escritores se volcó hacia el ser humano. El arte vio nacer a sus creadores inmensos: Miguel Ángel, Da Vinci, Botticelli, Masaccio. Y con la *Divina Comedia*, Dante Alighieri inauguró una nueva manera de imaginar el cielo, el infierno… y el purgatorio.

La condición humana se comprende más allá de lo religioso —incluso se perdona—. La traición se castiga en la capa más baja del infierno, y, por primera vez, dos mujeres tienen voz central en una obra literaria: Francesca narra a Dante desde el infierno su tragedia por amar a quien no debía, él siente compasión por ella, no la juzga; y Beatriz será la que lo guíe con amor y sabiduría hacia el cielo.[39] Un símbolo. Un cambio. Una nueva forma de mirar.

En esa misma época, Christine de Pizan (1364-1430) escribió *La ciudad de las damas*,[40] un texto valiente que respondió, con lucidez y altura, a los discursos misóginos de su tiempo. Su obra no solo defendió la dignidad femenina: fue semilla para que otras mujeres, por primera vez, se atrevieran a pensarse como humanistas, como autoras, como poetas… el humanismo abriéndose para ellas. Porque hasta entonces no era honorable serlo. Y mucho menos… siendo mujer.

El libro de Christine será el principio de una lucha femenina que buscará con pluma, con palabra, con marcha, y, al final con fuerza, abrir el espacio a las mujeres.

Después del Renacimiento, el pensamiento ilustrado de los siglos XVII y XVIII —que buscó poner luces al mundo desde la razón y fue semilla de revoluciones que derrocaron monarquías absolutas— no alcanzó para dar luz a la vida de las mujeres. Desde sus ideales se acuñaron lemas como "Igualdad, Libertad y Fraternidad".

Pero ni el pensamiento, ni los discursos, ni la revolución otorgaron un valor justo a la mujer. Su lugar seguía sujeto al pensamiento masculino, aferrado al poder de los hombres como seres superiores, como afirmó Jean-Jacques Rousseau, en *Emilio, o de la educación* (libro v): "Las mujeres son un sexo segundo y su educación debe garantizar que cumplan su cometido: agradar, ayudar, criar hijos.

Para ellas no están hechos ni los libros ni las tribunas.

Su libertad es odiosa y rebaja la calidad moral del conjunto social."

Ya no eran sacerdotes medievales enfermos de misoginia quienes negaban a la mujer su derecho de ser, sino pensadores, doctores y filósofos. Como Rousseau, que en su obra más influyente, *Emilio*, no deja cabida a ninguna duda y sustenta —con alarde— la misión para la cual habrían sido creadas las mujeres: "Establecido este principio, se deduce que el destino especial de la mujer consiste en agradar al hombre".

Por pensamientos como estos se levantan las mujeres. Así como por la tesis del doctor Julius Moebius, médico alemán que, basándose —según él— en las teorías de Darwin y Lamarck, "demostraba" que las mujeres no debían estudiar ni realizar labores propias de los hombres, ya que la raza humana corría el riesgo de extinguirse por su masculinización. *Sobre la inferioridad mental de la mujer* fue el "atractivo" título con el que su obra fue publicada con enorme éxito… en 1900. ¡Estamos hablando de ideas que se popularizaron hasta el siglo xx!

Las mujeres tomaron acción porque su realidad se volvió insostenible. Habían comenzado a leer, a estudiar, a luchar hombro con hombro junto a los hombres en las revueltas buscando justicia y libertad… para luego descubrir que quedaban excluidas de esas mismas conquistas.

Olympe de Gouges (1748-1793), que luchó junto a Robespierre y los revolucionarios franceses creyendo en la igualdad y el cambio, escribió en 1791 el tratado *Declaración de los Derechos de la Mujer y la Ciudadana*, en el que confrontó el ideario republicano y expuso la exclusión sistemática de las mujeres. Fue el propio Robespierre quien la mandó llamar a juicio por ese escrito… y, al defenderlo, la guillotinaron en 1793.

En ese mismo tiempo, Mary Wollstonecraft (1759-1797) publicó en Londres *Vindicación de los derechos de la mujer*, donde desmenuza —con maestría— una a una las premisas de Rousseau en *Emilio*, celebrando sus aciertos y desmontando sus prejuicios con afirmaciones como: "La educación debe conseguir carácter como ser humano, independientemente del sexo al que se pertenezca". Y otras absolutamente vanguardistas: "No deseo que la mujer tenga más poder sobre el hombre, sino sobre sí misma". ¿No es acaso esto lo que necesitamos hoy? Ella lo escribió en 1792, un poco antes de morir dando a luz a su hija, Mary Shelley, misma que se convertiría en la escritora osada de *Frankenstein* en 1818. No cabe duda de que madres valientes dan a luz a hijas poderosas.

¡Basta!

Las mujeres y la lucha, las mujeres y la educación serían el camino necesario desde el siglo XIX para quienes ya no estaban dispuestas a vivir bajo la opresión del otro. Nació el feminismo.[41]

Durante seis décadas, las sufragistas en el Reino Unido pidieron el voto con palabras, discursos y argumentos. ¡Sesenta años! Antes de comenzar a quebrar ventanas y romper leyes. Las encarcelaban, y entonces dejaban de comer. Las liberaban, y volvían a marchar. No se detenían.

Hasta que un acto de sacrificio y valentía comenzó el cambio: Emily Wilding Davison se lanzó a la pista del Derby de Epsom, el 8 de junio de 1913, justo frente al palco del rey Jorge V. El caballo real la arrolló. En su vestido, llevaba cosida una bandera sufragista. Quería ser vista. Que fueran escuchadas. Que hubiera una respuesta. Las cámaras, los medios y la sociedad entera la vieron entregar su vida. Su muerte provocó una conmoción nacional. Al día siguiente, Londres amaneció cubierta de manifestaciones. Y, por primera vez, las sufragistas dejaron de ser vistas como mujeres revoltosas o extravagancias de la alta burguesía.

La prensa, la opinión pública y la historia comenzaron a tomarlas en serio.

Siempre hay algunas valientes que lo dejan todo en la línea… incluso la vida, por todas las demás. ¡Cuánto les debemos!

El movimiento feminista organizado sí comenzó con la voz de las mujeres burguesas, pero sus guerreras fueron las mujeres obreras, las que trabajaban el doble y recibían menos de la mitad que un hombre, las mismas que, cuando llegaban a sus casas, tenían que entregar su paga a sus esposos. Su fuerza estaba en la esperanza de que, con el voto, sus hijas no vivieran lo mismo. Poco a poco lo lograron.

El primer país en otorgar el voto a sus mujeres fue Nueva Zelanda, en 1893, y le siguieron Australia (1902), Finlandia (1906), Noruega (1913) y Rusia (1917). Inglaterra, hasta 1918, comenzó otorgando el voto solo a las mujeres mayores de 30 años. Mientras que Estados Unidos lo hizo hasta 1920, y Francia —el país del que tanto hemos hablado como la cuna de la igualdad— no dio el voto a sus mujeres sino hasta 1944.

En nuestro México, esa lucha se prolongó hasta 1953. ¡Exacto! Muchas de nuestras madres no pudieron votar y nuestras abuelas ni siquiera lo consideraron.[42]

Después, gracias a los escritos, estudios y la dedicación profunda de mujeres en todo el mundo, nos dimos cuenta de que el problema no estaba afuera —¡no!—, no eran solo los gobiernos y sus leyes. Por el contrario, estaba dentro de las familias y su moral: exigencias aprendidas, comportamientos esperados… sociedad opresora. Y no solo por parte de los hombres, sino del propio linaje femenino, que no entendía ni aceptaba el cambio.

"¡Vergüenza!", gritaban todavía las madres que esperaban de sus hijas lo mismo que ellas hicieron: obediencia, maternidad… sumisión. El problema externo era interno.[43]

Les comparto que cuando comienzo a narrar estos hechos y la pasión se me desborda, es inevitable que alguien me pregunte: "¿Eres feminista, verdad?". Su pregunta parece más un termómetro que una duda honesta, como si midieran si pueden seguir siendo mis "amigos" o si será mejor cuidar cada palabra… y quedarse en simples conocidos.

Soy una mujer que cree en la mujer y en el hombre. Una humanista que estudia, comparte e impulsa a las mujeres, porque es lo que se puso en mi alma como misión de vida. Lo hago a partir de contar historias, nuestras historias.

Volteo al pasado para honrar el camino de quienes lo abrieron para nosotros en el presente. Y digo "nosotros" sin afán de género, porque al permitir que la mujer viva brillando, no solo hemos ganado nosotras: hemos ganado todos.

Al lastimar a la mujer, al prohibir lo femenino, al imponer formas rígidas de comportamiento también a los hombres... todos perdemos.

El feminismo no es un asunto solo de mujeres, es de humanidad. Y no es singular: son feminismos, en plural. Existe en cada persona que cree en la justicia para todos los seres humanos, y habita en las mujeres que rompen patrones anquilosados que no las dejan —simplemente— ser.

Como lo afirma Amelia Valcárcel: "El feminismo ha sido, y es, esa suma de acciones contracorriente, rebeldías y afirmaciones que tantas mujeres han hecho y hacen sin tener para nada la conciencia de ser feministas".[44]

Al pensar en las leyes que hoy han cambiado, y en los peldaños escalados a nivel empresarial y político, a veces se nos olvidan otras conquistas: las del cotidiano, que también fueron logradas por todas esas mujeres. Como que hoy yo esté frente a mi computadora escribiendo, dedicándome a lo que amo sin tener que pedir permiso a nadie. Que pueda usar pantalones o escotes según mi gusto. Que existan escuelas mixtas. Que los gimnasios no sean exclusivos para los hombres. Y lo más importante —al menos para mí—: haber podido ser cuna y refugio de mis hijos después de mi divorcio.

Porque antes de nosotras, si una mujer se separaba —o desobedecía—, sus hijos, sin importar la voluntad de los niños o la suya, ni siquiera la capacidad del padre para criarlos, le pertenecían a él. Y si él faltaba, quedaban bajo custodia de los abuelos paternos. ¡No había nada que hacer! Ni ley alguna que nos defendiera frente a las decisiones del padre.

Honro profundamente a quienes no se cansaron hasta lograr estos cambios. Del voto… a denunciar el problema interno en las casas. Libertad arañada, poco a poco, entre marchas y pancartas. Pupitres en las universidades y libros escritos por mujeres e impresos con todo tipo de resistencias. La vida como derecho. El trabajo como merecimiento. El sueldo equitativo como lo mínimo necesario. La denuncia del acoso, la verdad en nuestros labios… y, por primera vez, en las portadas de los periódicos. Movimientos mundiales y redes sociales que transparentan lo que vivimos. ¡Una unión que sí nos hace fuertes!… Y tanto, tanto más por hacer.

Hoy vivimos de distintas maneras nuestros feminismos: existen las guerreras que salen a las calles con fuerza y tinta gritada en aerosol. Las empresarias que abren espacios a más mujeres y las dejan brillar —sin que eso las amenace—. Las jóvenes que nos enseñan a no permitir ningún micromachismo, sin importar si viene de un compañero, jefe, hermano, amigo o padre. ¡Cero tolerancia! Las intelectuales que rescatan con su pluma nuestra historia y nuestro futuro. Las artistas que hacen canciones, pinturas y bordados que nos hablan al corazón… "Corazón que es lo único que tengo", como canta Alonso del Río,[45] y lo rezan las mujeres-fuego dentro del temazcal.

"Triunfo sería educar a nuestras hijas de otro modo, respetándoles la frescura, las emociones, el valor, las fantasías, la certidumbre de que no son distintas, ni mucho menos inferiores a los hombres".[46] Esto nos escribió Ángeles Mastretta.

¿Estamos ahí, ya? ¿Hemos cumplido con esta encomienda? La respuesta más valiosa es la personal. Porque las formas nuevas para vivir en un mundo más justo, equitativo y habitable para hombres y mujeres comienzan en lo privado, en lo personal, con nuestras hijas, vecinas, amigas, empleadas y compañeras... las mujeres de nuestro cotidiano. Pero principalmente debe de iniciar con nosotras mismas.

Las mujeres vivimos hoy la encrucijada de recuperarnos de raíz. De comenzar por conocernos y decirnos la verdad de manera íntima... sin miedo. De abrazar nuestra realidad, luz y sombra. Pero sin juicio.

Eva y Lilith bien narradas y entendidas son mi ofrenda para todas: sus mitos mal interpretados nos formaron y deformaron como sociedad. *La culpable* —Eva— y *la malévola* —Lilith— se nos colaron en las entrañas, secuestrando nuestro brillo y nuestra paz.

Volver a verlas, estudiarlas, conocerlas y adueñarnos de su poderosa verdad nos devuelve la posibilidad de ser Eva sabia y Lilith capaz.

Conocer la historia de la humanidad —y sobre todo, lo que ha sucedido con nosotras, las mujeres— se vuelve vacío si lo dejamos como mera información acumulada, en lugar de transformarlo en un conocimiento profundo y práctico. Igualmente, si revisamos ese pasado y nos quedamos con el enojo y el resentimiento —en lugar de ser creativas y creadoras— dejamos de honrar lo que hicieron por nosotras las que lucharon antes y nos podemos perder la inmensa oportunidad de habitar las posibilidades que tenemos enfrente.

Hubo un día en que la lucha fue necesaria contra todo: el prejuicio, la falsa interpretación religiosa, la fuerza que nos sobajó y la imposición de la violencia. Fue contra la injusticia, la falta de mirada humana.

Luchamos por existir, por contar, por valer.

Hoy, si estás leyendo este libro y valoras a quienes nos abrieron el camino… ¿no crees que mereces luchar, pero, ahora, por ti? ¿Empezando por mirar y aceptar lo que te limita? ¿Lo que te incendia por dentro? ¿Lo que termina contigo y con tus sueños?

Eva y Lilith han vuelto para decirte: "Esto fue lo que dijeron de nosotras".

Pero estamos aquí para que, desde la verdad narrada distinta, puedas tú —de manera personal— apropiarte de tus virtudes, fuerzas, dones, tránsitos y poder personal… hasta que la vida que vivas, con todo y sus circunstancias, tenga todo el poder que mereces.

VIVIR SIN MITOS

Los mitos han sido esenciales para el desarrollo de los pueblos; con sus imágenes y mensajes ayudan, encaminan y proponen respuestas para aquello que no podemos explicarnos. Pero cuando dejan de narrarse y de entenderse de esta manera, y se convierten en un instrumento de control que limita la libertad humana —cargados de juicio y prejuicios, provocando miedo y sometimiento— es nuestra obligación desmantelarlos. ¡Vaya! Al menos comenzar por verlos y cuestionarlos.

Porque lo que está fuera, está dentro. Y lo que hemos vivido y creído como sociedad ha levantado lo mismo muros que telarañas, limitando nuestra existencia.

Esos mitos nos han cortado las alas a muchas y secuestrado la voz de otras. Y en muchas ocasiones… sin ni siquiera saberlo.

Vivir sin mitos sería —simple y poderosamente— contarnos la verdad. Esto no significa borrarlos de nuestra historia, ignorarlos o rechazarlos. No. Los mitos, entendidos como relatos mágicos y sagrados, dan sentido, cohesión y posibilidad, pero solo si no pierden su esencia intuitiva, su contexto. Solo si podemos distinguir la verdad de la ficción.

Para decidir si queremos vivir a partir de ellos o no —si los integramos o los transformamos— tendríamos que comenzar por conocerlos. Y desde ahí, buscarles un ángulo que aporte sanidad a nuestra vida. Reconocer su sabiduría... y también las consecuencias de su mala interpretación.

Las historias de Eva y Lilith nos habitan, igual que los mitos creados alrededor de ellas —lo sepamos o no—, sin importar nuestro credo, religión o creencias personales. Su imposición deviene de tradiciones culturales, no solo religiosas, y las heredamos sin tener conciencia de ello. Desmenuzarlos es un comienzo de purificación.

Sin embargo, hoy la verdadera libertad para las mujeres, si somos profundamente honestas, ya no está fuera ni le pertenece a alguien más. Es mucho más profunda —nos confronta y nos exige—, porque su semilla, raíz y fruto son nuestra responsabilidad... y de nadie más.

Nuestra libertad comienza, entonces, con el valor que tengamos para desmantelar nuestros propios mitos internos: los íntimos, los personales... todas esas historias que nos hemos contado para sobrevivir, pero que sabemos que ya no nos sirven más. Aquello que nos salvó en su momento, pero hoy nos limita. Lo que creímos verdad... y que en el fondo ya no podemos ignorar que no lo es. Eso que nos susurra: *es tiempo de cambiar... de intentar algo más.*

Atrevernos a mirar cuáles son nuestros mitos personales, heridas y herencias es igual de liberador que descubrir la verdad detrás de los mitos que nos han marcado como humanidad.

Esa es la propuesta de este libro: que conozcas los mitos externos de Eva y Lilith, para que —si quieres y estás lista— distingas y desmanteles tus mitos internos.

Porque quien se cuestiona tiene la oportunidad de responderse y, por tanto, de hacerse responsable de lo que está viviendo. Cuando por fin dejamos de culpar al otro… recuperamos nuestro poder.

Sí. Hoy podemos elegir ser mujeres poderosas por ser responsables. Y aprender a mezclar y usar nuestros dones, como la dulzura y la sabiduría con la fortaleza y la determinación.

Al desmitificarnos, estamos recuperando ese poder. No el que se ejerce para limitar o someter al otro —eso sería un retroceso, no una evolución—. No. Tomar el poder que nos da la certeza para avanzar, el que se adueña de nuestro destino porque ya no le pertenece a nadie más; el que desecha las miradas y los juicios ajenos a lo que somos, y nos permite construir la vida que queremos. La que merecemos.

Las mujeres de este siglo podemos —y por tanto, debemos— decidir. De eso somos responsables. Porque una vez conquistado nuestro poder personal… ya no hay vuelta atrás.

Irónicamente, ese poder —ese valor— nos vuelve más humildes, más agradecidas, más empáticas. Dejamos de sentirnos menos… o amenazadas a cada instante y recuperamos, al mismo tiempo, nuestra capacidad de respetar a los demás.

Cuando vivimos con la certidumbre de que nuestras verdades personales son válidas, pero no únicas, permitimos que la diversidad haga nido en nosotras. Cuando habitamos ese valor, sabemos que entender al otro no nos disminuye ni nos cambia. Dejamos de negociar por ganar una "armonía barata" y de poner en riesgo nuestra integridad por quedar bien con nadie. La paz es paz. No máscaras. Eso, sin duda, hace evolucionar a cualquier sociedad.

El proceso de autoconocimiento es constante. Y el aprendizaje también. No hay perfección… hay claridad.

La libertad se siente cuando habitamos el poder de la mujer del siglo XXI. Ese que fue nuestro desde siempre. Ese que merecemos: *ser mujeres libres desde el interior. Mujeres sin mitos.*

II

DE BBLIAS A BIBLIAS
ENTRE LO HABLADO Y LO ESCRITO

La humanidad ha tejido su historia con hilos de voz antes que de tinta. Gracias a la tradición oral conocemos epopeyas que desafiaron el tiempo: como el Poema de Gilgamesh, el Bhagavad Gītā o las enseñanzas de Buda; así como la *Ilíada* y la *Odisea*, escritas por Homero pero cantadas mucho, mucho antes por los aedos. Hasta llegar, inclusive, a los cantares de gesta medievales, que se recitaban en plazas y castillos antes de volverse letra.[1]

Y ni hablar de lo que ocurría en nuestros pueblos mesoamericanos, donde la palabra fue centro y cimiento. Las abuelas contaban historias y transmitían costumbres a sus hijas y nietas, mientras sacerdotes, chamanes y gobernantes guiaban con la voz: para enseñar, para decidir, para explicar los misterios del cielo o los temblores de la tierra. La oralidad era ceremonia, era ley, era memoria viva, que mucho después se convirtió en códice azteca o en estela maya que narraban sus historias.

Lo mismo sucedió con la Biblia: una tradición oral que dejó de serlo en el siglo VII antes de nuestra era. Comenzó en la voz de un pueblo que apenas se conformaba: los hebreos. Relatos transmitidos al calor del fuego, en carpas y desiertos, comenzaron a fijarse por escrito por primera vez en la lengua de los pastores y los profetas —el hebreo y el arameo— hacia el año 650 a.C., en el territorio del reino de Judá, al sur de lo que hoy es Israel y Palestina.

Sin embargo, cuando Nabucodonosor II conquistó Jerusalén en el año 586 a.C., el pueblo hebreo se encontró sin tierra, sin templo y sin rey. Sus sacerdotes, escribas y la élite gobernante fueron deportados a Babilonia. Muy pronto comprendieron que debían hacer todo por salvar lo más valioso que tenían, y lo único que les quedaba: sus creencias… su fe. La respuesta fue compilar por escrito sus tradiciones orales, las leyes, las genealogías y los relatos que les daban identidad.

Así nació el pueblo del Libro.

Una nueva conciencia se instaló en ellos: *valemos por lo que atesoramos; nos distinguimos de todos los demás porque esto es solo nuestro… y así lo cuidaron.*

Gracias a la dedicación de aquellos escribas que copiaron letra por letra, respetando cada espacio y cada sonido, se sentaron las bases —impecables y sin error— para lo que siglos más tarde llamaríamos el Antiguo Testamento. Fue en la Alejandría egipcia y multicultural del siglo III a.C., donde los sabios judíos tradujeron, reelaboraron y adaptaron esos textos sagrados hebreos, pero ahora para un nuevo mundo, que pensaba en griego. Así nació la Biblia griega de los Setenta, o Septuaginta, la traducción más antigua y completa del Antiguo Testamento, la cual tendrá una influencia inmensa, sobre todo en el cristianismo primitivo.

Faltaba lo más revolucionario: el Nuevo Testamento. Porque durante siglos —como ya lo vimos—, los primeros cristianos fueron muchos y diversos. No eran un grupo unificado, sino una constelación de comunidades vivas y complejas. Tendrían que pasar más de tres siglos después de la muerte de Jesús para que la autoimpuesta jerarquía de la Iglesia determinara qué textos sí serían los oficiales y verdaderos… y cuáles no.

Así, en el año 367 d.C., el obispo Atanasio de Alejandría enumeró por primera vez los 27 libros que hoy forman parte del canon del Nuevo Testamento. Pocos años después, ese mismo listado fue ratificado por el papa Dámaso I en el Concilio de Roma de 382, dando paso a su consolidación en toda la Iglesia latina. Desde entonces, estos serían los únicos textos permitidos para ser estudiados y predicados como Escritura oficial.

La fe fue sellada. La diversidad, silenciada. Los textos que quedaron fuera de la regla —fuera del canon, en griego— pronto fueron quemados. Aunque hoy sabemos que varios libros —verdaderas joyas del primer cristianismo— que iban a quedar destruidos fueron escondidos y salvados en el mismo siglo IV, muy probablemente por los monjes del convento de San Pacomio, al norte de lo que hoy conocemos como Luxor. Gracias a ellos, esa colección extraordinaria ha llegado hasta nosotros como la biblioteca de Nag Hammadi.[2]

En ese mismo siglo IV, bajo el impulso de unificar no solo qué se debía creer, sino también en qué lengua debía leerse, san Jerónimo tradujo la Biblia completa desde el hebreo y el griego al latín vulgar. Por esto, su obra será conocida como la Vulgata, y será la versión oficial de la Iglesia durante más de mil años.

Pero para el siglo XVI, el mundo ya no era el mismo.

Los imperios se habían fragmentado, las lenguas habían cambiado y, con la imprenta ya operativa, las ideas comenzaban a circular con una rapidez impensable. El monopolio de la fe empezaba a resquebrajarse. Y en ese nuevo tiempo, surgió una figura que cambiaría el rumbo de la Biblia —y del cristianismo— para siempre.

En 1517, un monje agustino llamado Martín Lutero clavó en las puertas de Wittenberg sus famosas *95 tesis*. Pero más allá del acto simbólico que dio inicio a la Reforma, la revolución más profunda fue otra: poner la Escritura al alcance de todos. Traducir la Biblia al alemán —la lengua del pueblo— era su forma de devolverle al creyente la posibilidad de leer por sí mismo la Palabra de Dios, sin tener que pasar por el filtro del clero.

Pero no perdamos de vista que Lutero no era un *outsider*. Era un monje católico, formado dentro de la Iglesia. Fue en su viaje a Roma —hacia finales de 1510— cuando experimentó una disonancia desgarradora entre lo que se predicaba y lo que realmente se vivía. Describió la ciudad como un "vertedero de pecado".[3]

Su demanda era volver al espíritu primitivo de la fe. Pero al final, no pudo más.

De hecho, siglos después, sería el propio Juan Pablo II quien lo reconocería: "Sin Lutero, la Iglesia tampoco se habría modernizado".[4] Lo dijo el 9 de diciembre de 1999, en un histórico encuentro con la Federación Luterana Mundial. Un gesto de reconciliación profunda… y de verdad.

Lutero no solo tradujo la Biblia: también cuestionó qué libros debían incluirse. Decidió prescindir de los textos deuterocanónicos —los que no provenían del hebreo original—, como Tobías o Sabiduría. Así nació el canon protestante, más breve que el católico. Y a partir de este momento se multiplicaron las versiones: la Biblia de Ginebra, la del rey Jacobo, las traducciones calvinistas, luteranas… cada una con su propia lectura.

La Iglesia católica respondió con fuerza. Durante el Concilio de Trento (1545-1563), reafirmó la Vulgata como texto oficial, ratificó los libros deuterocanónicos y prohibió toda interpretación que se alejara de la autoridad eclesiástica. Fue la Contrarreforma.

Y aquí entró en acción una figura clave: san Ignacio de Loyola, fundador de la Compañía de Jesús, creada en 1540. Fue el papa Pablo III quien le encomendó estudiar lo que estaba ocurriendo. ¿Qué de lo que decía Lutero debía rechazarse... y qué debía escucharse? Porque el crecimiento del protestantismo fue tal que la Iglesia ya no podía simplemente condenar: tenía que revisar, discernir y también transformarse.

Los jesuitas desempeñaron un papel decisivo en esa renovación interior. A través de la educación, la formación del clero y una vida espiritual más exigente, ayudaron a la Iglesia a reconfigurar su papel frente al mundo moderno.

Desde entonces, el cristianismo se fragmentó no solo en doctrinas, sino también en biblias. Las diferencias entre las biblias católicas, protestantes y ortodoxas no radican solo en la traducción, sino también en los libros que contienen, en su orden... e incluso en el significado que ciertas palabras adquieren según la tradición que las lee.

ENTONCES, LAS BIBLIAS ACTUALES... ¿QUÉ?

A estas alturas, ya podemos decirlo con claridad: no hay una sola Biblia, hay muchas. No solo porque han sido traducidas a más de 3600 lenguas, sino porque cada tradición —judía, católica, protestante u ortodoxa— ha decidido qué libros incluir, cuáles dejar fuera y en qué orden presentarlos.

Lo que todos comparten es un punto de partida: el Antiguo Testamento, cuya base es el Tanaj hebreo. Este canon fue consolidado entre los siglos i y ii d.C. por sabios y rabinos que organizaron 24 libros en tres secciones:

- Torá (la Ley)
- Nevi'im (los Profetas)
- Ketuvim (los Escritos)

Esos mismos libros, aunque en distinto orden y con distinta numeración, son los que conservan hoy tanto la Biblia protestante como muchas traducciones cristianas modernas.

La Biblia católica, en cambio, preserva además siete libros que no forman parte del canon hebreo ni protestante. Son los llamados deuterocanónicos:

- Tobías
- Judit
- Sabiduría
- Eclesiástico (o Sirácida)
- Baruc
- 1 Macabeos
- 2 Macabeos

También incluye fragmentos en griego de Ester y Daniel.

Las iglesias ortodoxas también los conservan… e incluso añaden otros, como la Oración de Manasés, el Tercer Libro de los Macabeos o el Libro de Enoc, según la tradición local.

Por eso, cuando decimos "la Biblia", lo más justo es preguntarse: ¿cuál?, ¿para quién?, ¿desde qué fe?

¿Cómo está organizada?

La Biblia —cualquiera que sea su versión— está organizada en libros, capítulos y versículos, lo que facilita su lectura y estudio.

Se divide en dos grandes secciones: Antiguo y Nuevo Testamento, separados por la llegada de Jesús. Es en el Nuevo Testamento donde se narra su vida, sus enseñanzas y el surgimiento del cristianismo.

¿Qué Biblia es confiable?

Existen muchas ediciones, pero no todas son confiables para el estudio serio del texto. Las llamadas versiones oficiales han sido traducidas desde las lenguas originales —hebreo, arameo y griego— con rigor filológico y revisión teológica.

Las versiones católicas reconocidas suelen llevar dos sellos: el *Nihil obstat* ("nada se opone") y el *Imprimátur* ("puede imprimirse"). Entre las más recomendadas están:

- La Biblia de Jerusalén
- La Biblia Latinoamericana
- La versión Dios Habla Hoy
- Y algunas ediciones interconfesionales revisadas por la Sociedad Bíblica

En el ámbito protestante, la más utilizada es la Reina-Valera de 1960, basada en los textos originales hebreo y griego, con un castellano sobrio y directo.

¿La Biblia se hereda... o se lee?

Millones de personas tienen una Biblia en casa. A veces está en la repisa más alta. O guardada como reliquia. En otras, abierta… pero poco explorada.

Tener una Biblia no es lo mismo que leerla. Y leerla no es lo mismo que entenderla. Mucho menos, saber qué preguntarle.

Desde la imprenta de Gutenberg hasta hoy, se han publicado más de seis mil millones de ejemplares de la Biblia. Cada año se suman entre 80 y 100 millones más. Algunas han cruzado océanos, otras han acompañado a soldados, migrantes o buscadores. Y al menos una viajó al espacio con los astronautas del Apolo 14.[5]

Pero ¿cuántas veces ha sido realmente leída? Leída con pausa. Con mirada crítica. No solo desde la fe, sino desde la conciencia.[6] Porque por más copias que existan, lo que permanece es lo que se dice. Lo que se repite. Lo que otros nos contaron.

No está mal escuchar. Pero llega un momento en que también hay que abrir el libro. Volver a las fuentes. Y dejar que el texto nos hable… sin intermediarios.

Las palabras no se las lleva el viento. Nos las llevamos nosotros. Se quedan en la mente, en la historia, en el alma de un pueblo. Por eso vale la pena saber qué dice, y no solo lo que nos dijeron que decía.

Una Biblia no se hereda solo por pasarla de mano en mano. Se hereda cuando se vuelve personal. Íntima. Cuando se convierte en una puerta abierta a lo que quieres cuestionar, comprender o sanar. Cuando se vuelve origen.

Por eso, aunque en este libro me he basado en las versiones revisadas y reconocidas —la Reina-Valera en su versión protestante, la Biblia de Jerusalén autorizada por la Iglesia católica y las versiones del Tanaj publicadas o comentadas por editoriales judías reconocidas—, siempre te recomendaré tener tu propia Biblia a tu lado. Que pertenezca a la tradición con la que tú te sientas afín. Y con la intención de volver a ella cada vez que lo necesites. Como se vuelve al origen.

III

OTRA MIRADA PARA EVA

La mentira mejor ~~contada~~ aceptada de la historia

Quizá a todos nos contaron alguna vez la historia de Adán y Eva, sin importar la religión que profesemos. Por lo menos en Occidente, el relato de la creación del mundo, del primer hombre y de su mujer nacida de una costilla, es tan popular como sospechosamente aceptado. En la escuela, en el catecismo, en la prédica cristiana, en la clase judía de Torá, en la misa católica dominical, de boca de una abuela que cuenta historias… o incluso en la televisión. En algún momento alguien nos narra esta historia. Y aunque no fuera así, de sus consecuencias no se escapa nadie.

En otras palabras: aun si fuéramos esa rara excepción a quien nunca nadie le ha hablado de un hombre llamado Adán y de su "pecadora esposa", la existencia misma de ese pasaje bíblico —y, sobre todo, la forma en que ha sido interpretado por siglos—

nos habita. Nos ha marcado, a hombres y mujeres. Ha sido iluminador para unos… y lapidario para otras.

Lo curioso es que el drama no está en lo que realmente está escrito sobre Adán y Eva, sino en lo que se ha dicho, repetido y predicado sobre ellos: en ese "teléfono descompuesto" —con o sin mala intención— y en la distracción, la flojera o la simple desidia de ir a leer con atención lo que dicen que dice la Biblia.

Lo que contaron es más o menos así:

Dios creó el mundo en siete días. Hizo el cielo, la tierra, los mares, el sol, la luna, las estrellas y todos los animales y plantas… Y todo era bueno. Muy bueno.

Entonces, como broche de oro, decidió crear al hombre como su obra maestra, para que se enseñoreara sobre toda su creación. Así hizo a Adán del polvo de la tierra. Y fue el señor de todas las cosas. Pero Adán estaba solo.

Dios lo hizo dormir, le sacó una costilla y —como en una operación quirúrgica exprés— fabricó a Eva a partir de la costilla, para que fuera su mujer.

Los puso a ambos en el Edén. Eran felices. Tenían todo. Absolutamente todo.

Dios les advirtió que solo había una regla: no comer del árbol del bien y del mal, porque si lo hacían… morirían.

Eva, desde siempre, lo miraba de reojo. Adán, por supuesto, obedecía.

Hasta que llegó la serpiente —mala, muy mala— y le susurró a Eva cosas contrarias a la voluntad de Dios.

Ella, ingenua —por no decir poco inteligente—, cayó en la tentación y pecó: tomó la manzana prohibida y la comió.

No solo eso: fue y se la dio al buen Adán, que, pobrecito, también comió.

Y ahí empezó la tragedia: sintieron vergüenza, se taparon con hojas, se escondieron.

Dios, furioso, los castigó sin contemplaciones. ¡Fuera del Edén! —se lo merecían—. Nunca más volverían.

Y para colmo: Adán tendría que trabajar con el sudor de su frente para alimentar a su familia.

Y Eva —la gran pecadora— sufriría dolores de parto y obedecería, sin queja alguna, a su marido.

Porque desde entonces, toda la humanidad nacería en pecado, con el famoso "pecado original".

¡Jamás regresarían al paraíso!

Después de escuchar todo esto, hay ciertas ideas que se nos quedan grabadas a fuego:

Dios lo hizo todo.

El hombre lo tenía todo… y lo perdió todo por culpa de Eva. La serpiente es mala, la mujer es culpable y Dios castiga durísimo si no se le obedece.

Una creencia es un pensamiento que se repite hasta convertirse en una verdad. Y gracias a esta manera de contar nuestra creación y primer contacto con el mundo, el miedo, la culpa y el abandono se instalaron en nosotros desde el principio de nuestra existencia.

El objetivo de regresar a la historia bíblica es observarla desde el presente, para poder formular un juicio abierto, objetivo y actualizado. Señalar nuestra omisión por rectificar lo que nos dijeron y creímos —vaya, tan solo preguntarnos por qué lo creemos y quién dijo todo eso— nos da la oportunidad de vivir tomando las decisiones personales que nos satisfagan intelectual, emocional y espiritualmente.

La verdadera fe no es aquella que es ciega, sino la que se mantiene después de cruzar el túnel oscuro de la duda. Así lo decía Søren Kierkegaard, el poeta del cristianismo. De igual manera, la madre Teresa de Calcuta aseguró que su acto más valiente no fue su obra, sino seguir creyendo en medio de sus dudas.

Rescatando a Eva

La primera vez que verdaderamente miré a Eva, ella estaba en el suelo. Tenía el cabello en la cara, mojado por sus propias lágrimas y por la lluvia de un cielo fuera del Edén. Estaba recién expulsada del Paraíso: se cubría el sexo con la mano, y los senos también. Su mirada estaba oculta y el pecho hundido por la vergüenza.

Yo estaba viendo el fresco de Masaccio, pintado en la Capilla Brancacci, en Florencia, Italia. Quería ir por Eva, levantarle la cara, despejar sus ojos, decirle —dulcemente, pero con firmeza al mismo tiempo—: "No pasa nada; de verdad, linda, todo va a estar bien. Tranquila, confía. Yo me sé tu historia, y todo va a estar bien".

Yo pensaba que tenía que rescatar a Eva, y la estudié como un abogado hambriento por ganar un juicio que sabe justo: buscando evidencias, estudiando, revisando, comparando… hasta que las encontré.

Lo curioso es que Eva no necesitaba mi ayuda. Fue ella —y el proceso de encontrarla— lo que me salvó a mí.

Por eso hoy narro su historia. Y junto con ella, la mía. Y las de todas las mujeres que, a lo largo de los siglos, bajo la mirada de la interpretación, el juicio y la culpa, limitaron su existencia por necesidad… o por ceguera.

ALGUNAS VERDADES QUE VAMOS A COMPROBAR

Eva no nació para ser sumisa, y nunca fue engañada por la serpiente. Eva sabía lo que estaba haciendo y lo que implicaba. Eva decidió alimentarse con el conocimiento, nutrirse con la verdad del bien y del mal. No lo hizo solo para sí misma: lo compartió con quien más amaba, con Adán. Y él confió en ella, y después tuvo miedo —¿quién no lo tendría?— y se arrepintió, echándole la culpa a la serpiente. Pero Eva nunca se separó de Dios.

EXPLIQUEMOS DESDE EL TEXTO

*"Y dijo Dios: no es bueno que el hombre esté solo;
le haré ayuda idónea" (Gn. 2:18).*

Este versículo está inmediatamente después de que Dios le da todo a Adán: le sopló el aliento haciéndolo un ser viviente, plantó un huerto para él —el Edén—, y lo llevó ahí para habitarlo, y sembró árboles deliciosos a la vista y buenos para comer; también el árbol de vida en medio del huerto, y el árbol de la ciencia del bien y del mal (Gn. 2:7-9). Cabe aclarar que son dos árboles los que están en el centro del huerto, no solo uno. Esto será muy importante para entender la expulsión del Paraíso.

La Biblia narra después cómo era este huerto; la descripción es muy detallada: explica qué ríos lo limitaban y lo cruzaban, casi señala dónde está; lo cual, por cierto, dio lugar a que, en varios periodos de la historia, aventureros y hombres de fe se lanzaran a buscar el Edén, convencidos de que las coordenadas de la Biblia los llevarían ahí.

La narración en la Biblia continuó: "Tomó, pues, Dios al hombre, y lo puso en el huerto del Edén, para que lo labrara y lo guardase" (Gn. 2:15). Es decir, Adán siempre trabajó, así que esa idea de que se la pasaba haraganeando en el paraíso no es verdad. Pero "el sufrimiento y el sudor de la frente" para poder comer, eso sí vendrá tras su castigo, pero faltan varios versículos para semejante decreto (Gn. 3:17-19).

A Eva siempre se le ha culpado de desobedecer a Dios, y es cierto: había una prohibición. Pero Eva aún no había sido creada cuando esa regla fue impuesta. El que la recibió fue Adán, y solo él: "De todo árbol del huerto podrás comer; mas del árbol de la ciencia del bien y del mal no comerás; porque el día que de él comieres, ciertamente morirás" (Gn. 2:16-17). Eva aparece hasta unos versículos más adelante —en el 2:21-24—, como veremos después.

Cabe hacer notar que la prohibición fue sobre un solo árbol. ¿Por qué es importante esto? Porque los castigos que Eva y Adán reciben más adelante por desobedecer y pecar (Gn. 3:16-19) fueron por haber comido de este árbol, el de la ciencia del bien y del mal. Pero Dios los expulsó del Paraíso para evitar que comieran del segundo árbol, el de la vida (Gn. 3:22), que también estaba en el centro del huerto y que hasta ese momento no estaba prohibido. Sin embargo, Dios ahora no quería que comieran de él; ¿será que, luego de conocerlo, querrían probarlo para vivir eternamente?

Pero en ese momento, mientras Adán trabajaba el huerto, fue Dios el que se dio cuenta de que no era bueno que estuviera solo (Gn. 2:18), e hizo hincapié en que crearía para él una pareja: "No es bueno que el hombre esté solo; le haré ayuda idónea" (Gn. 2:18).

Desde la visión del texto bíblico, para esto fue creada la mujer: para que el hombre no estuviera solo y ella fuera su ayuda perfecta. No su inferior ni su sirviente, no su superior ni su mandamás, sino la compañera que borraría su soledad. Este detalle es olvidado con frecuencia por el pecado y el castigo, pero está ahí, en el texto. Bien vale la pena recordarlo.

Ahora bien, Eva sí fue creada de la costilla de Adán, y él le dio su nombre, al igual que según el relato fue él quien le puso nombre a toda bestia de la tierra, ave de los cielos y ganado del campo (Gn. 2:19 y 20). Pero su mujer no se llamó desde un principio Eva, sino Varona, por ser tomada del varón:

Entonces Dios hizo caer sueño profundo sobre Adán, y mientras dormía le sacó una de sus costillas y rellenó el hueco con carne. Y de la costilla que Dios tomó del hombre hizo una mujer, y la trajo al hombre. Dijo entonces Adán: "Esto es ahora hueso de mis huesos y carne de mi carne; esta será llamada Varona, porque del varón fue tomada". Por tanto, dejará el hombre a su padre y a su madre, y se unirá a su mujer, y serán una sola carne (Gn. 2:21-24).

Por tradición, son justamente estos versículos los que recitan los sacerdotes o pastores al casar a los novios. Es también este último versículo el que toman de sustento y como base, entre otros, las autoridades religiosas para prohibir el divorcio, ya que si el hombre y la mujer se convierten por su unión en una sola carne, es imposible que esta se separe.

Ahora bien, el hecho de que Eva haya sido tomada de la costilla de Adán también se ha prestado a un sinfín de interpretaciones, unas que la igualan con él por tener su esencia y otras que la minimizan por ser tomada de un hueso menor del cuerpo de Adán; sin embargo, estas son historias dentro de la historia, sin otro sustento que una interpretación misma. Lo que sabemos es que Adán duerme, Dios le extrae la costilla y de esta da forma a Eva. Ella es, por tanto, la única criatura que no está hecha del polvo de la tierra. Al verla, Adán se sorprende, se agrada, la nombra y la sabe parte de sí mismo.

Las siguientes escenas son casi una pieza teatral. Me refiero a su estructura, diálogos y descripciones, con adjetivos sutiles cargados de peso y simbolismo que pueden sesgar la historia, dando fuerza a la versión pseudo oficial que sostiene que la serpiente es mala, Eva es tonta, Dios parece tener muy mal carácter y Adán no tiene ningún carácter.

Así que mejor vayamos versículo por versículo.

Una serpiente con dobles intenciones, pero que no miente

Génesis 3:1

Pero la serpiente era astuta, más que todos los animales del campo que Dios había hecho; la cual dijo a la mujer: "¿Conque Dios os ha dicho: 'No comáis de todo árbol del huerto'?".

Análisis del texto

El primer adjetivo que describe a la serpiente, astuta, no es peyorativo, pero sí nos predispone a verla como una criatura "hábil para engañar o para evitar el engaño".[1] Es un calificativo determinante, que sesga la objetividad del lector frente a la serpiente. Sin embargo, esta no deja de ser nombrada como una creación de Dios; nunca se le describe como ajena al Creador.

El objetivo de la serpiente al interrogar a Eva nunca queda claro; tampoco se sabe qué estaban haciendo las dos solas ni si se conocían. Nada de ello se explica. Entramos de lleno en la escena.

Por otro lado, las palabras utilizadas por la serpiente denotan cierta ironía y juicio, porque una pregunta que comienza así: "¿Conque Dios os ha dicho…?" deja claro que está poniendo a prueba a Eva sobre lo que sabe y sobre lo que Dios le ha dicho a Adán.

También es cierto que en la pregunta hay un error o una "trampa" por parte de la serpiente, que agrega: "Que no comáis de todo árbol". Ya que Dios solo había hecho la prohibición sobre un solo árbol de todo el Edén (Gn. 2:16-17). Al parecer, la serpiente sabía que si Eva estaba bien enterada del castigo impuesto por Dios, necesariamente tendría que corregirla. Y así fue, justo en el siguiente versículo (Gn. 3:2).

Esta pregunta queda en el aire: ¿la serpiente quiere dañar? Y si es así, ¿a quién busca lastimar: al hombre, a la mujer o a Dios?

Sobre la creencia común y otros comentarios

Es una visión occidental que la serpiente sea interpretada o vista como el mal hecho animal, como Satanás disfrazado.[2] Desde esta perspectiva no la vemos como una creación de Dios, aunque sí lo es.

Sin embargo, cabe destacar que para otras culturas —como la hindú—, así como para doctrinas budistas, taoístas, tántricas, yóguicas, gnósticas y para el sijismo, la serpiente es sagrada: es la Kundalini, que duerme enroscada en el primer chacra o *muladhara* (ubicado a la altura del perineo), donde radica toda la energía. Cuando la Kundalini despierta, el yogui o practicante controla la vida y la muerte.[3] Es curioso su poder, semejante al que adquieren Adán y Eva, pues el árbol del cual comen es justamente el del bien y del mal, por lo cual son castigados y después expulsados, ya que se supone que con ese conocimiento nuevo y su poder querrán comer del siguiente árbol "sagrado": el de la vida, también colocado al centro del Edén, y que después del "pecado" se vuelve inaccesible para siempre.

Génesis 3:2-3

Y la mujer respondió a la serpiente: "Del fruto de los árboles del huerto podemos comer; pero del fruto del árbol que está en medio del huerto dijo Dios: 'No comeréis de él, ni le tocaréis, para que no muráis'".

Análisis del texto

Sin contradecir a la serpiente, Eva la corrige sutilmente; es certera al decir que de los árboles sí pueden comer, pero solo del árbol que está en medio del huerto no pueden, y agrega un detalle (como decimos los mexicanos) de su cosecha: "Ni tocar".

Dios jamás dice esto; es invento de Eva. Lo que sí queda claro es la consecuencia si desobedecen: morirán.

Sobre la creencia común y otros comentarios

Eva no recibió la prohibición directa de Dios (Gn. 2:16–17); por su respuesta sabemos que conoce la prohibición y la consecuencia, pero también tiene una versión agregada: "El árbol no se puede tocar". Sin ser muy relevante, queda claro que hay un "teléfono descompuesto" entre Dios, Adán y Eva.

Génesis 3:4-5

Entonces la serpiente dijo: "No moriréis. Sino que sabe Dios que el día que comáis de él serán abiertos vuestros ojos, y seréis como Dios, sabiendo el bien y el mal".

Análisis del texto

La serpiente es directa, no miente ni engaña: Adán y Eva no murieron; se les abrieron los ojos y fueron como Dios, conocieron el bien y el mal.

Así lo dirá el mismo Dios algunos versículos más adelante, después del pecado y antes de la expulsión. Sus palabras son prácticamente idénticas a las de la serpiente: "He aquí que el hombre es como uno de nosotros, sabiendo el bien y el mal" (Gn. 3:22).

Sobre la creencia común y otros comentarios

Aquí comienza la controversia entre la verdad de Dios y la de la serpiente, porque Dios sí le dijo a Adán que moriría si comía el fruto, pero en realidad nunca murió. Las interpretaciones al respecto han sido muchas, todas por supuesto basadas en la fe y en la necesidad de explicar. Por ejemplo, se dijo que después de su desobediencia, Adán y Eva murieron a la inocencia y experimentaron una muerte espiritual.[4] Pero todas son interpretaciones. No aparecen en el Génesis, donde Adán y Eva comieron del fruto, se les abrieron los ojos y no murieron. Esto es justamente lo que les dijo la serpiente (Gn. 3:7). Hasta aquí no hay engaño de su parte.

Génesis 3:6

*Y vio la mujer que el árbol era bueno para comer, y que
era agradable a los ojos, y árbol codiciable para alcanzar
la sabiduría; y tomó de su fruto, y comió; y dio también
a su marido, el cual comió así como ella.*

Análisis del texto

Eva desobedece abiertamente el mandato de Dios, pero no lo
hace engañada, sino que lo decide por sí misma, en conciencia,
después de ver que el fruto prohibido era bueno, agradable a
la vista, y —quizá lo más importante— servía para alcanzar la
sabiduría.

Eva come el fruto tras efectuar un análisis y con decisión, y
desde ahí lo comparte con su marido.

Sobre la creencia común y otros comentarios

Lo primero que llama la atención es que casi nadie, al narrar este
pasaje, se detiene en este detalle. Una pregunta flota en el aire
para quien lee con cuidado y se atreve a ser curioso: ¿por qué
Adán y Eva no podían tener conocimiento sobre el bien y el mal?
¿Y por qué les estaría prohibida la sabiduría?

Hasta aquí hagamos una reflexión filosófica más allá de cualquier dogma de fe, sin miedo. Tengamos la valentía de mirar ob-
jetivamente lo que aquí está pasando y utilicemos la lógica del

pensamiento, y esa verdad que se siente en el centro del pecho, para darle a Eva —y a sus hijas, nosotras— una oportunidad distinta. No se trata de atacar las creencias de nadie, sino de entender que las interpretaciones nos han hecho mucho daño.

Nunca queda claro, según este pasaje, por qué es malo que el hombre y su mujer conozcan lo que es el bien y el mal; por qué se les prohíbe el conocimiento y alcanzar la sabiduría. Más aún cuando, por voz de la serpiente, pero también del mismo Dios, sabemos que esto los haría ser como dioses (Gn. 3:4-5 y 22).

En realidad, tras el llamado "pecado", Adán y Eva no murieron; tuvieron que ser castigados por desobedecer y, como veremos con más detalle adelante, fueron expulsados para que no comieran del segundo árbol del centro del huerto, pues eso los haría vivir eternamente. La Biblia lo dice así: "He aquí el hombre es como uno de nosotros, sabiendo el bien y el mal; ahora, pues, que no alargue su mano, y tome también del árbol de la vida, y coma, y viva para siempre" (Gn. 3:22).

En este sentido, sin conciencia, sin conocimiento, Adán y Eva estaban ciegos; abiertos sus ojos, ven en potencia, tanto como Dios.

¿Quería Dios proteger a sus hijos y mantenerlos como niños, alejados de todo mal, aunque eso implicara que no supieran la verdad?

Tal parece que, a partir de que el hombre comió del fruto prohibido, adquirió por primera vez la capacidad de elección; antes solo obedecía. Y fue Eva, por tanto, la que hizo un análisis y, tras observar que el fruto era bueno —no solo a la vista, sino para adquirir sabiduría—, decidió libremente comerlo y compartirlo.

Quedarnos con la idea de que Eva fue engañada equivale a permitirle ser víctima e incapaz, quitarle de un porrazo toda su capacidad de elección, su raciocinio, su deliberación y su libre albedrío. Analizando el texto, Eva sabía lo que estaba haciendo y lo decidió.

Continuemos con el análisis del texto bíblico.

UN HUERTO SIN MANZANA Y UN CASTIGO SIN MUERTE

Génesis 3:7

Entonces fueron abiertos los ojos de ambos,
y conocieron que estaban desnudos; entonces cosieron
hojas de higuera, y se hicieron delantales.

Análisis del texto

Al abrirse los ojos de ambos, se cumple lo que la serpiente dijo: "Serán abiertos vuestros ojos". Por lo tanto, era verdad: la serpiente no engañó a Eva.

Jamás se menciona que el fruto prohibido fuera una manzana; en todo caso, pudo haber sido un higo, ya que Adán y Eva cubrieron su cuerpo con hojas de higuera. Pero, según lo escrito, nunca hubo una manzana en el Edén.

Por primera vez, Adán y Eva son conscientes de su cuerpo, de sus formas, y se avergüenzan de ello. No recibimos ninguna explicación de por qué es malo estar desnudo; simplemente así lo viven.

Sobre la creencia común y otros comentarios

La manzana como fruto de la tentación es un concepto posterior. No fue sino con el Imperio romano, en el arte de los primeros cristianos que ilustraron con pinturas muy simples las historias de la Biblia, cuando se utilizó este fruto para simbolizar el pecado. Esta imagen se generalizó hasta nuestros días.

No es difícil entender que así fuera, porque desde la Antigüedad, tanto para los griegos como para los romanos, la manzana simbolizaba la sensualidad, la belleza, el amor, la fertilidad y el deseo, hasta convertirse en el símbolo erótico por excelencia. Era atributo de Afrodita, que la enmarcaba como la más bella, elegida por Paris; el regalo favorito de los enamorados (aún más si estaba mordida, ya que era una invitación carnal), y símbolo de la fertilidad, pues aludía al busto de la mujer y, partida a la mitad, a su sexualidad.[5]

La concepción del cuerpo humano —sobre todo el femenino— como algo pecaminoso, sucio o malo es una aportación judeocristiana; antes de ello, el cuerpo, su sensualidad y su voluptuosidad eran admirados, casi venerados, por su belleza, pero también por su connotación más antigua, relacionada con la fertilidad.

Génesis 3:8-9

Y oyeron la voz de Dios que se paseaba en el huerto, al aire del día; y el hombre y su mujer se escondieron de la presencia de Dios entre los árboles del huerto. Mas Dios llamó al hombre, y le dijo: "¿Dónde estás tú?".

Análisis del texto

El carácter de los personajes en cualquier escrito lo determinan sus acciones, más que sus palabras: lo que hacen, más que lo que dicen. Así, el carácter de Eva y Adán se transparenta inocente, casi ingenuo o ridículo, al pensar que pueden esconderse de Dios. Pero quizá el gesto más importante de estos versículos es que Dios no los llama a los dos, solo busca al hombre: "¿Dónde estás tú?".

Sobre la creencia común y otros comentarios

El comportamiento de Adán y Eva es semejante al de los niños cuando evitan ser descubiertos tras hacer una travesura. ¡Como si fuera posible esconderse de Dios, quien todo lo creó!

Recordemos que la prohibición de comer de ese fruto fue dada a Adán, no a Eva: "De todo árbol del huerto podrás comer; mas del árbol de la ciencia del bien y del mal no comerás; porque el día que de él comieres, ciertamente morirás" (Gn. 2:16-17). El mandato está escrito en singular, y Eva no fue creada sino cuatro versículos después (Gn. 2:21-24). A quien busca Dios para rendir cuentas, entonces, es a Adán.

Génesis 3:10

Y él respondió: "Oí tu voz en el huerto, y tuve miedo, porque estaba desnudo; y me escondí".

Análisis del texto

El personaje de Adán cambia de personalidad. De ser el hombre que señoreaba sobre las bestias y puso nombre a todo ser viviente, se comporta como un niño pequeño que se esconde y se justifica (como decimos coloquialmente) echándose de cabeza a la vez: "… porque estaba desnudo, y me escondí".

Génesis 3:11

Y Dios le dijo: "¿Quién te enseñó que estabas desnudo? ¿Has comido del árbol del que yo te mandé no comieses?".

Análisis del texto

En el texto original no hay enojo en el tono de Dios, pero sí ironía por parte del "escritor" en su diálogo: ¿acaso el Todopoderoso, que acababa de crear el mundo en seis días, no sabía dónde estaban sus hijos y lo que habían hecho?

Por otro lado, Dios no reprende directamente a Adán y Eva. A semejanza de quien caza a su presa, o como los padres que quieren probar la honestidad de sus hijos, los interroga, sabiendo de antemano las respuestas.

Génesis 3:12

Y el hombre respondió: "La mujer que me diste por compañera me dio del árbol, y yo comí".

Análisis del texto

Una vez más, Adán responde como un hombre inmaduro, culpando a los demás. No se hace responsable de su acto y, peor aún, no solo culpa a Eva de darle el fruto que él comió sin ningún problema; también le echa en cara a Dios que la culpable fue la mujer que Él le dio.

Es decir, Adán no es culpable de nada. La ironía es absoluta.

Sobre la creencia común y otros comentarios

Históricamente, la culpa y el pecado de comer del fruto prohibido han recaído en Eva, por tomar la iniciativa, sin reparar en el detalle de la responsabilidad de Adán, quien aceptó el fruto sin cuestionar a su mujer ni detenerla, más aún cuando fue él quien recibió la prohibición.

Génesis 3:13

Entonces Dios dijo a la mujer: "¿Qué has hecho?".
Y dijo la mujer: "La serpiente me engañó y comí".

Análisis del texto

Eva miente. Por todo lo que hemos analizado, sabemos que la serpiente le dijo exactamente lo que iba a suceder, nunca la engañó. En todo caso la incitó; incluso podemos decir que la manipuló, pero no hubo engaño ni mentira. Una vez más: Eva sabía lo que hacía.

Sobre la creencia popular y otros comentarios

Eva pudo haber tomado su decisión con conciencia, como lo hemos comentado, pero frente al acusador miente, y también infantilmente busca un culpable que la exima. Su carácter no se sostiene. El miedo tiene invadidos al primer hombre y a su varona.

El sentimiento de culpa infundido en los hombres en gran medida es consecuencia de lo que les provoca la desobediencia a Dios, y también históricamente se levanta el supuesto de la "ira de Dios" contra sus hijos por ese acto, tras su decepción. Hasta ese momento, esos atributos no existen en los diálogos de Dios; sin embargo, este es un juez que dicta sentencia.

Génesis 3:14-15

Y Dios dijo a la serpiente: "Por cuanto esto hiciste,
maldita serás entre todas las bestias y entre todos
los animales del campo; sobre tu pecho andarás,
y polvo comerás todos los días de tu vida.
Y pondré enemistad entre tú y la mujer, y entre tu
simiente y la simiente suya; esta te herirá
en la cabeza, y tú le herirás en el calcañar".

Análisis del texto

La sentencia comienza y el tono de todo lo dicho hasta el momento cambia; el enojo ahora sí es evidente: la serpiente es la primera en recibir su castigo, que claramente es una maldición, la cual transforma su naturaleza, su alimento, sus relaciones y hasta la forma de su muerte.

Sobre la creencia popular y otros comentarios

La serpiente no tiene voz ni derecho de réplica; a ella no se le pregunta nada, y tampoco responde a sus acusadores ni frente a su sentencia.

De la misma manera, por su castigo nos enteramos —o inferimos— de que quizá la serpiente, antes del pecado, tenía patas o caminaba erguida; la frase "sobre tu pecho andarás" valida esa interpretación.

Génesis 3:16

A la mujer le dijo: "Multiplicaré en gran manera los dolores en tus preñeces; con dolor darás a luz los hijos; y tu deseo será para tu marido, y él se enseñoreará de ti".

Análisis del texto

Según el texto, la serpiente recibe una maldición que afecta todas sus relaciones y su vida; Adán, como veremos en los versículos siguientes (Gn. 3:17–19), recibirá no solo una maldición heredada de su acto, sino cinco castigos adicionales, que marcan su existencia para la infelicidad.

Sin embargo, en apariencia Eva recibe menos castigos y de menor severidad; tres son las cosas que le impone Dios: dolor (en el parto y preñeces), fidelidad y obediencia a su marido.

En este caso no es el texto, sino la interpretación de este —el significado, como diría Barthes—,[6] lo que ha marcado el camino y el destino de miles de mujeres a lo largo de la historia, convirtiéndolas por mandato divino en un ser sumiso y obediente de su marido.

Por otro lado, las palabras "se enseñoreará", es decir, "tu marido será tu señor", se impusieron con el paso de los años, lo que convirtió a la esposa en una pertenencia del marido. El hombre es "dueño" de su mujer, sin que ella pueda hacer nada al respecto.

Sobre la creencia popular y otros comentarios

Llama la atención que uno de los tres castigos de Eva sea la fidelidad: "Tu deseo será para tu marido", lo que quizá podríamos considerar natural (no un castigo), de acuerdo con el matrimonio occidentalizado, pero Dios solo se lo ordena a Eva, declarando la monogamia para la mujer.

Es en la lectura textual e interpretada de este versículo donde se originan los castigos lapidarios impuestos a la mujer adúltera, y donde se exime al hombre de ellos.

Que el marido sea dueño de su mujer se consolidó en la Edad Media, con la creación de la figura de los señores feudales, los cuales se convirtieron desde su nombramiento en dueños de las tierras conferidas, de los ríos o mares en ellas, de los cielos y de los habitantes que hubiera en esos territorios: el individuo, la persona, desapareció para convertirse en masa humana.

La Edad Media duró más de diez siglos, y quien era señor feudal se convertía en todopoderoso de lo suyo. La connotación y la altura que cobró la palabra *señor*, unidas a la religiosidad absoluta de esa época y la interpretación masculina, dejaron a la mujer en total sumisión.

Génesis 3:17

Y al hombre dijo: "Por cuanto obedeciste a la voz de tu mujer, y comiste del árbol que te mandé diciendo: 'No comerás de él'; maldita será la tierra por tu causa; con dolor comerás de ella todos los días de tu vida".

Análisis del texto

Adán fue el primero en ser llamado por Dios y el último en recibir su reprimenda; pero el castigo que cayó sobre él fue más severo que el de la mujer y el de la misma serpiente.

Dios enumera sus faltas: obedecer la voz de la mujer y comer del árbol prohibido. Y después menciona sus castigos sin misericordia: maldición de toda la tierra por su causa, dolor, dificultad, sudor y cansancio para sobrevivir, y terminar al final como polvo.

Sobre la creencia popular y otros comentarios

Generalmente suele culparse a Eva de la tragedia de Adán, pero en la Biblia cada uno recibe un castigo proporcional a su acción; el de Adán es más severo que el de Eva, ya que él recibió la prohibición directamente y no asumió ni su obediencia ni su responsabilidad.

El hecho de que Dios haga hincapié en que estuvo mal que Adán obedeciera la voz de Eva reforzará la sumisión impuesta a la mujer. Esas palabras fueron tomadas por los dominicos de la Inquisición, en la Edad Media, como sustento de que la voz de la mujer "habla brujerías" y razón para considerarla "más amarga que la muerte".[7]

Por otro lado, llama la atención que en los sepelios católicos y cristianos, como consuelo para los deudos, se pronuncia la frase: "Polvo eres y en polvo te convertirás", como si fuera un alivio, cuando esas palabras fueron un castigo para Adán.

La severidad de Dios en estos versículos es implacable; su enojo y su ofensa se convierten en castigo para sus seres más queridos.

No parece haber espacio para el perdón. El miedo es la consecuencia de la imagen de un Dios rígido e intolerante. El detalle nos permite ver que cinco fueron las condenas para Adán, las más fuertes, y que él fue el primero en ser llamado y el último en ser castigado. Sin embargo, las consecuencias impuestas a Eva se vuelven decreto de sumisión porque dejan espacio a la interpretación, y así fue como sucedió: Eva, aún llamada Varona, será desde entonces la culpable de que haya un pecado original; se le igualará con la tentación misma y con la falta de voluntad, así como con la insaciabilidad, porque, entre todos los frutos, quiso comer del que no podía: es la mujer de naturaleza insatisfecha. Con los años se agregaron adjetivos más fuertes a esa descripción, y la radicalización de la religión en los siglos comprendidos en la Edad Media la convirtieron —y con ella a todas las mujeres— en un ser inferior, incapaz e indigno de confianza. De esa idea convertida en creencia somos herederos: hombres castigados acompañados de sus mujeres, hijas del pecado.

Quedaron fuera de la historia los detalles sutiles, como la falta de carácter de Adán, la verdad dicha por la serpiente y lo que el hombre y la mujer habían conquistado al comer del fruto prohibido: la sabiduría.

La expulsión en lugar de la vida eterna

Génesis 3:20

Y llamó Adán el nombre de su mujer, Eva,
por cuanto ella era madre de todos los vivientes.

Análisis del texto

Ahora escuchamos la voz del narrador; no es Eva ni Adán; tampoco es Dios. Nos cuenta lo que pasó: Adán, en su papel de señor, es quien da el nombre nuevo a Eva, aunque cabe recordar que también fue él quien la nombró anteriormente: "Esto es ahora hueso de mis huesos y carne de mi carne; esta será llamada Varona, porque del varón fue tomada" (Gn. 2:23).

Es en este momento, después del pecado y el castigo, cuando Eva recibe su nombre. Pero no lo recibe en alusión a la falla cometida, sino porque ella "era la madre de todos los vivientes".

Sobre la creencia popular y otros comentarios

Una costumbre de los primeros hebreos, asentada en diferentes pasajes de la Biblia, era cambiar el nombre de las personas cuando sucedía algo relevante; así, Abram y Sarai fueron Abraham y Sara por mandato de Dios después de recibir sus bendiciones (Gn. 17:5 y 15), y Jacob se convirtió en Israel al poder asumir su herencia y bendición después de luchar con el ángel de Dios (Gn. 32:28). En algunas comunidades judías contemporáneas todavía prevalece esta tradición. De esta suerte, el nuevo nombre de Varona es Eva, quien ahora es la madre de todos los vivientes.

Eva en hebreo es Hawwa o Havva, que significa "vida"; igualmente es una palabra relacionada con la respiración, por lo que comúnmente se traduce como "aquella que da vida" o "aquella que vive".

Génesis 3:21

Y Dios hizo al hombre y a su mujer túnicas de pieles,
y los vistió.

Análisis del texto

De nuevo habla la voz del narrador en tercera persona. Nos deja ver la siguiente escena, que destaca por el detalle de que Dios es quien confeccionó las túnicas; no las creó como todo lo demás, sino que las hizo Él mismo —pareciera que manualmente—. También describe el material con el que Dios elaboró dichas túnicas y por tanto nos permite saber cómo se vestirían Adán y Eva a partir de ese momento.

Sobre la creencia popular y otros comentarios

Al parecer, después del castigo hubo un acto de compasión, porque inmediatamente llegó un regalo para que Adán y Eva pudieran protegerse del frío y, no lo olvidemos, de la vergüenza.

Génesis 3:22

Y dijo Dios: "He aquí el hombre es como uno de nosotros, sabiendo el bien y el mal; ahora, pues, que no alargue su mano y tome también del árbol de la vida, y coma y viva para siempre".

Análisis del texto

Dios retoma la palabra y habla en plural: "Es como uno de nosotros". No sabemos a quién o a quiénes se dirige, pero la mayoría de las interpretaciones coinciden en que Dios habla a sus ángeles.

Reitera también lo que ha pasado con el hombre y la mujer ahora: saben el bien y el mal. En otras palabras, son capaces de discernir entre lo que les puede convenir y lo que no (aunque en medio del caos y los castigos no pareciera así), pero Dios lo refuerza.

Es a partir de esa posibilidad que Dios no quiere que "alargue su mano y tome también del árbol de la vida, y coma y viva para siempre". Son las palabras de Dios aclarando que no permitirá que esto ocurra.

Sobre la creencia popular y otros comentarios

Sorprende que lo que ocurrió según Dios, después de que el hombre comiera del árbol de la ciencia, es exactamente lo que la serpiente le dijo a la mujer que sucedería (Gn. 3:5): "Sino que sabe Dios que serán abiertos vuestros ojos, y seréis como Dios, sabiendo el bien y el mal". Las palabras de Dios a los ángeles son: "El hombre es como uno de nosotros, sabiendo el bien y el mal" (Gn. 3:22). Entre un texto (el de la serpiente) y el otro (el de Dios) no hay diferencia.

Dios hace un reajuste de acuerdos, ya que, a diferencia de lo que comúnmente se cree, no decide expulsar del Edén a Adán y Eva por su desobediencia, por "el pecado" de comer del fruto prohibido, sino para evitar que vivan para siempre, aunque, según el texto, ya son como Él.

Génesis 3:23

Y lo sacó Dios del huerto del Edén, para que labrase la tierra de que fue tomado.

Análisis del texto

De nuevo sorprende el uso del singular, cuando el narrador dice: "Lo sacó…", lo que no incluye a la mujer; igualmente, en el versículo anterior solo habla del hombre, en singular: "El hombre […] alargue su mano".

El segundo detalle es que al parecer Dios sacó a Adán del huerto para hacer algo nuevo y como parte de su castigo (por la idea del trabajo arduo), pero no es así porque no es la primera vez que Adán labra la tierra: "Tomó, pues, Dios al hombre, y lo puso en el huerto de Edén, para que lo labrara y lo guardase" (Gn. 2:15).

Sobre la creencia popular y otros comentarios

Hay versiones y creencias comunes que dicen que fue el ángel de Dios, identificado con Gabriel, el que expulsó a los hombres del Edén, pero por el texto vemos que fue el mismo Dios quien lo hizo.

Génesis 3:24

Echó, pues, fuera al hombre, y puso al oriente
del huerto de Edén querubines, y una espada
encendida que se revolvía por todos lados,
para guardar el camino del árbol de la vida.

Análisis del texto

De nuevo, el texto habla en singular; no aparece la mujer desde los versículos 3:20-21, donde recibe el nombre de Eva y después de lo cual Dios hace pieles para ambos.

Por otro lado, se reafirma que la expulsión fue para guardar el acceso y el camino al árbol de la vida, no por el pecado de desobediencia, como normalmente se cree.

Sobre la creencia popular y otros comentarios

Si somos literales y si la Biblia se lee con otros ojos, Eva, la madre de todos los seres vivientes, no fue expulsada.

Las interpretaciones que sostienen que Dios expulsó a Adán y Eva del Edén para evitar que el hombre volviera a desobedecerlo, porque se haría más daño, no tienen fundamento sólido, ya que la prohibición de Dios solo se refería a un árbol: "De todo árbol del huerto podrás comer; mas del árbol de la ciencia del bien y del mal no comerás" (Gn. 2:16-17). Si no hubiera prohibición, tampoco habría posibilidad de desobediencia ni de pecado.

Revisar las cosas como son, encontrar verdades que nadie nos había dicho —o que ni siquiera nos habíamos cuestionado— puede ser tan amenazante como revelador. Pero si esto queda en el plano de un conocimiento nuevo y meramente adquirido, el objetivo de desenmascarar lo que tanto daño nos ha hecho se pierde. Las omisiones al narrar este pasaje del Génesis son serias: crearon malinterpretaciones que abrieron zanjas y levantaron murallas entre los seres humanos —entre hombres y mujeres, entre las propias mujeres, y también dentro de nosotras mismas—. Esos detalles de interpretación que parecen insignificantes provocaron la muerte de miles de nosotras, una tras otra en la hoguera, sin más justificación que decir: "¡Es una hija de Eva!".

Por algo Heinrich Kramer lo escribió así en *El Martillo de las brujas*: "Adán, el cual fue tentado por Eva, y no por el demonio, entonces ella, la mujer, es más amarga que la muerte"; "El pecado que nació de la mujer destruye el alma al despojarla de la gracia". Estas son apenas dos entre cientos de frases misóginas que alimentaron la persecución y muerte de mujeres durante siglos.

Sé que las historias del siglo xv suenan demasiado lejanas. Pero el castigo a Eva, señalado como "Tu marido será tu señor", germinó como semilla, echó raíz y se volvió abono del patriarcado. Y aunque esa palabra increíblemente todavía incomode, lo cierto es que sus consecuencias aún nos alcanzan. Por eso es momento de sembrar un huerto nuevo: lejos del Edén, pero cerca del corazón; donde la razón y la intuición germinen juntas.

Esta es mi aportación: poner luz en los recovecos de la historia de Eva, los que no son señalados en las narraciones tradicionales, y que aportan —por el contrario— otra manera más luminosa de mirarla, no solo a ella, sino a todas. Porque yo, como tantas, he cargado con la herencia de sentir —tan solo por mi naturaleza de ser mujer, hija de Eva— la culpa y, peor aún, la incapacidad de vivir satisfecha, completa y plena.

El conocimiento, la investigación sensata y el estudio profundo me llevaron de la mano hasta descubrir que Eva no necesitaba ser rescatada. Eso era parte del engaño mismo. Por el contrario, en lugar de desobediente, era osada; se develaba sabia, no tonta ni engañada. Ante mi nueva mirada, floreció una mujer íntegra.

Pocas cosas lastiman tanto como sentirse separado de la divinidad —como nos hicieron creer que Eva estaba—. Con ella heredamos también el dolor de sentirnos expulsadas de Dios. Nacíamos marcadas con esa culpa que se coló silenciosa en el inconsciente femenino. ¡Seamos creyentes o no! Y experimentar eso… es tocar el fondo del rechazo. Porque si Dios te desprecia, ¿quién podría amarte?

Llegó el momento de entender que equivocaciones podemos cometer muchas. Pero la falta de perdón natural y las etiquetas que nos catalogaron como seres inadecuados no las necesitamos ni hombres ni mujeres. A la inversa: los errores son oportunidades, y el camino de regreso a la divinidad nunca está bloqueado. Nadie puede expulsarte de lo que eres: un ser conectado con lo divino de manera íntima y natural.

Nuestra estructura de creencias suele sostenernos… pero también puede limitarnos. Atreverse a transformarla, a sumar nuevas visiones que resuenen con nuestro ser profundo —sin dogmas, sin renuncias forzadas— es dar un paso hacia una libertad más lúcida.

Eva estuvo unida a Dios siempre. Nunca se desgarró de Él. La naturaleza simbólica del relato de la Biblia, justo después de la expulsión del Edén, ofrece un gesto revelador: Eva da gracias a Dios. "[…] 'Por voluntad de Dios he adquirido varón'" (Gn. 4:1). Eva se muestra ya no desde la culpa, sino desde el milagro. No menciona el dolor del parto. No hay lamento. Solo gratitud. Y la gratitud no brota desde el exilio, sino desde la conexión. Si de verdad hubiese estado separada de Dios, no habría dicho su nombre, no le habría dado las gracias. En sus palabras hay vínculo. Hay comunión. Eva jamás se separó de Dios. Este gesto es un alivio profundo, un suspiro que no había sido narrado.

Porque la idea de la separación duele. La expulsión avergüenza. Y las verdades a medias —que se vuelven mentiras repetidas por otros— destruyen la esencia, nublan la mirada y confunden el camino.

Pero el conocimiento, la intuición y la conexión personal con la divinidad inherente en cada persona son llaves: llaves que desenredan la historia, que abren los brazos, que aligeran nuestros hombros. Porque el mito bien contado sobre Eva es contundente: ella nunca fue expulsada de Dios.

Eva no fue el error. Fue el inicio. Y si ella no lo fue, entonces su herencia es otra: la mujer, lejos de ser "la caída", es la cómplice de la sabiduría, la provocadora de la dualidad, el puente hacia lo divino.

Esa es la imagen de Eva que sí refleja a una madre digna y bella para toda la humanidad.

Paradójicamente, veremos que el nombre de Eva no se vuelve a mencionar nunca más en la Biblia, ni siquiera cuando se retoma la genealogía completa de Adán (Gn. 5:1). Pero ya no hace falta. Su misión fue cumplida. Y es muy distinta: cuando la historia se cuenta completa, el castigo se convierte en conciencia… y la caída en camino.

Gracias a la nueva mirada que acabamos de construir juntas para Eva, existe ahora otra posibilidad. No solo para ella. También para la historia de las mujeres. Para la mía. Para la tuya. Para la Eva en la que estás parada hoy, la que sueñas con ser… y la que verdaderamente eres. *Ya dejamos de ser hijas de la culpa, para convertirnos en herederas del despertar.*

IV

LILITH

Hablar de Lilith es hablar de rebeldía, de sumisión abandonada; es hablar de ángeles y demonios, de sensualidad prohibida, de niños muertos y mujeres aterradas. Hablar de Lilith es silencio, sepulcro, prohibición, superstición… energía femenina empapada de poder masculino. Y, paradójicamente, Lilith es quizá más parecida a nosotras en el siglo XXI que la propia Eva, porque Lilith es lucha en proceso… y también lucha consumada.

Pero ¿quién fue Lilith?, ¿de dónde surgió y por qué? Y más allá de eso… ¿para qué inventarla?

Lilith es un mito, una historia. Como todos los mitos, busca dar una respuesta: una explicación mágica para tratar de comprender lo que humanamente no entendemos. Antes del pensamiento filosófico racional, los humanos nos explicábamos la vida a través del pensamiento mágico-sagrado, o mágico-religioso, que ofrecía respuestas a los misterios. Así surgieron los mitos. Y por eso no son buenos ni malos: son esenciales. Los necesitamos en momentos específicos, para contarnos un cuento que nos haga sentido.

La situación se complica cuando creemos en ellos sin saber siquiera qué estamos creyendo… ni por qué. Cuando se vuelven una verdad incuestionable. Además, los mitos, por su complejidad, cumplen con otra función: aleccionar.

Generalmente se creaban y se narraban desde las voces de los líderes espirituales de los pueblos. Estas historias se cargaban con el poder que nace del suspiro de quienes creen en ellas… y en quienes las pronuncian. Porque sus narradores eran considerados enviados o representantes de los dioses en la tierra. Y así, sus palabras se convertían en verdades poderosas, capaces de controlar —lo sabemos— muchas veces a través del miedo. Manejados así, los mitos pueden limitar al ser humano desde sus lecciones ocultas: forman —o deforman— sus actitudes a través de los ejemplos contenidos en sus personajes, los arquetipos que los habitan: hombres y mujeres convertidos en dioses o demonios, héroes o caídos, virtuosos o pecadores, según la enseñanza que necesite darse a la comunidad.

Quisiera dejar muy claro que los relatos mágicos son importantes: son cuentos capaces de explicar, contener y guiar a todo un pueblo. Sin embargo, en ciertos momentos históricos, cuando se mezclaron con el temor o la superstición, llegaron a paralizar el pensamiento crítico… o, peor aún, a prohibir —por mandato o por costumbre— cualquier acción que los contradijera.

Eso fue lo que sucedió con Lilith. De mujer liberada y exigente, pasó a ser demonio y carnicera. Por siglos ha estado en silencio, mal leída, mal interpretada. Su historia se cargó de terror, y fueron las propias mujeres quienes la silenciaron.

La creación de otra Eva

Lilith pertenece al folclore hebreo antiguo; su historia se construye —y se deconstruye— a lo largo de más de dieciséis siglos: desde el siglo III a.C., en Tierra Santa, hasta el XIII d.C., en plena Edad Media española.[1]

No está en la Biblia… pero fue sacada de sus huecos. Nació de un silencio, de una línea ambigua, de un vacío. Surge para dar sentido a un pasaje "poco claro" del Génesis —el 1:27-28— que provoca dudas importantes, ya que se refiere a la creación del ser humano y dice lo siguiente:

> Y creó Dios al hombre a su imagen,
> a imagen de Dios lo creó;
> varón y hembra los creó.
> Y los bendijo Dios, y les dijo:
> "Fructificad y multiplicaos". (Gn 1:27-28).

Estos versículos, en apariencia inocentes, hablan del amor de Dios al crear al ser humano a su imagen, lo cual ya es en sí mismo una afirmación poderosa. Pero los detalles aparecen cuando leemos con atención: "Lo creó" (en singular)… y enseguida, un punto y coma: "Varón y hembra los creó" (en plural). Es decir: no solo hay un hombre creado del polvo, sino un varón y su hembra. O una hembra y su varón. Ambos están siendo creados al mismo tiempo. Ambos son bendecidos por Dios con una consigna clara: "Fructificad y multiplicaos".

Las bendiciones continúan hasta el versículo 30. Todas están en plural, dirigidas a los dos:

Llenad la tierra, y sojuzgadla, y señoread en los peces del mar, en las aves de los cielos y en todas las bestias que se mueven sobre la tierra.
Y dijo Dios: "He aquí que os he dado toda planta que da semilla, que está sobre la tierra, y todo árbol en que hay fruto y que da semilla;
os serán para comer.
Y a toda bestia de la tierra, y a todas las aves de los cielos, y a todo lo que se arrastra sobre la tierra, en que hay vida, toda planta verde les será para comer".
Y fue así (Gn 1:29-30).

¿Dónde está el problema? En que este pasaje está escrito veinticinco versículos antes de que Eva sea creada a partir de la costilla de Adán.

La pregunta es fulminante: ¿otra mujer? ¿Antes que Eva? ¿Quién es? ¿Cómo puede ser? Y lo más inquietante… no es que existiera. Es que desapareció. ¿Qué pasó con ella?

Lilith está a punto de ser inventada.

Es aquí —a partir de estas dudas y de esta aparente inconsistencia del texto bíblico— donde aparece la necesidad de explicar algo que, desde la fe judía, no puede ser un error. Para los primeros estudiosos de la Torá, o Libro de la Ley Judía, no hay errores en el texto sagrado: todo está allí por una razón, pues fue escrito por Dios —o directamente inspirado por Él—. Y los cristianos, siglos más tarde, sostendrán esa misma creencia.

Así que, si algo en la Escritura no se entendía, no era que estuviera mal escrito: había que estudiarlo. Buscar. Comparar.

Interpretar. Letra por letra si era necesario. Verso con verso, aunque proviniera de otra sección del texto. El objetivo era llegar a una explicación, a un sentido.

A veces no llegaban a una sola interpretación, sino a varias. Todas podían ser válidas, solo tenían que sostener la idea esencial: que el texto es perfecto, y por tanto, coherente. Así, esas ausencias —o silencios, o espacios— siempre tendrían una razón de ser. Y, por tanto… un algo que decir.

Estos análisis fueron transmitidos de generación en generación como parte de la rica oralidad del pueblo hebreo, hasta que por primera vez se confiaron por escrito a un sabio llamado Yehuda el Santo, en el siglo III a.C. Así nació la Mishná, recopilación fundamental que más tarde se complementaría con otros saberes transmitidos oralmente hasta conformar el Talmud, nombre que, literalmente, significa "estudio" o "enseñanza".

Según León Berman:

Leer el Talmud es como asistir a las discusiones y conversaciones entre rabinos, ya que está cargado de razonamientos, deducciones —unas prudentes y otras aventuradas—, leyendas, religión, moral, filosofía, geología, astrología, supersticiones, tradiciones, ciencia y poesía.[2]

Así, para ellos sí existió una primera mujer de Adán. La llamaron Lilith, y su historia fue construyéndose por partes, según las necesidades de explicación de los *jajamim* (sabios judíos) y el deseo del pueblo por obtener respuestas. A lo largo de más de 1 600 años, al mito se le fueron añadiendo o quitando rasgos.

Por eso no hay una sola fuente donde se narre su historia, sino varias. Una de las principales es el Zohar, el libro de mística judía escrito en la España del siglo XIII, base de la Cábala —término que se traduce como "tradición"—. Desde sus orígenes, la Cábala fue concebida como un conocimiento difícil de transmitir, reservado a ciertos espíritus elegidos o iniciados… y a sus discípulos.[3]

Cabe resaltar que un rasgo característico del pensamiento cabalístico es el valor que tienen los ángeles o espíritus divinos como seres intermediarios presentes a lo largo de toda la creación, dentro de un sistema jerárquico. Existen, con igual importancia, sus antagónicos: ángeles caídos y demonios.

Por eso no nos sorprende que aparezcan en el mito de Lilith, ya que todas las interpretaciones de la Cábala se vinculan directamente con las Escrituras a partir de sofisticadas lecturas espirituales de las palabras y del texto judío, en particular del Génesis. En buena parte, el Zohar es un comentario de este libro.

Pero también hay indicios de Lilith como la primera mujer de Adán desde los escritos antiquísimos de Ben Sira,[4] un siglo antes de nuestra era, y sobre todo en los relatos del Talmud conocidos como *midrashim*, un conjunto de fábulas cargadas de ideas, imágenes y símbolos, que deben mirarse así —como relatos inventados—, a los que se acude únicamente cuando ayudan a revelar misterios o "hacer el bien"; pues —como dicen los rabinos— un midrash solo vale si alumbra el corazón o mejora el mundo. Pero ni siquiera los judíos están obligados a creer en ellos.[5]

Sin embargo, lo que sucede en muchas ocasiones es que estas historias inventadas —con el paso del tiempo— se mezclan entre sí y con la superstición y el miedo de la gente, perdiéndose la línea entre lo que es verdad y lo que no lo es, y dando lugar, a veces, a sostener creencias como verdades y a actuar como si lo fueran… cuando su raíz fue una fábula, un invento.

Así, lo más difícil para estudiar y entender a Lilith no es solo la multiplicidad de las fuentes y los más de 1 600 años que las separan, sino el silencio, la prohibición, lo que "se cree" de ella… pero no está escrito en ninguna parte.[6]

Desenterrar su historia es devolverle su lugar. Para hacerlo de una manera más clara y justa, conviene hacerlo por partes.

PRIMERA PARTE DEL MITO: "UNA MUJER EN EL EDÉN QUE QUIERE IGUALDAD SEXUAL"

Lilith y Adán fueron creados al mismo tiempo por Dios, con las mismas bendiciones y regalos. Eran iguales y convivían juntos en el Edén. Había armonía entre ellos… hasta que ella quiso cambiar de posición sexual.

Lilith no quería yacer siempre bajo el hombre, como hembra bajo el macho. Lilith quería experimentar su placer sobre Adán, como él lo hacía sobre ella.

Pero Adán no se lo permitió. Discutieron. Él no cedió; ella tampoco.

Pronunció el Nombre Sagrado de Dios [lo cual estaba prohibido] y, con ese poder, desde su boca se elevó por los cielos y abandonó el Edén.

Lilith no guardó silencio frente a la imposición de Adán.

No fue "buena ni sumisa": se enojó, se expresó, y al no ser escuchada —como las cosas no cambiaron—, se fue.

Adán se quedó solo.

Así es, Lilith fue la primera mujer que dejó a un hombre.[7]

Esta versión del mito es la que va a exponer por qué Lilith se fue del Edén y está basada en los "Alfabetos de Ben Sira", un texto del siglo I a.C.

Los mensajes ocultos para el pueblo son sutiles, pero claros: la primera en romper la armonía fue Lilith. Todo estaba en calma… hasta que ella quiso algo diferente. Y, además, su petición ¡era sexual! (Recordemos: la sexualidad no era vista como sagrada, sino apenas como una necesidad).

Lilith osó exigir una posición que implicaba poder: "estar sobre el otro" o "dejar de estar debajo de él". Lilith pidió más. Quería otra cosa. Y no cedió cuando se lo negaron.

La primera rebeldía de Lilith fue pedir algo distinto. Y su "necedad": ¿por qué, si Lilith tenía "todo" —literalmente todo— en el Edén, lo dejaría por un capricho? ¡Y además sexual!

Es señalada como inadecuada, desobediente y mala porque no se sacrificó para mantener "el orden y lo establecido". Y lo más grave: no se quedó callada. ¡Nombró a Dios en un conjuro!

De acuerdo con la antigua visión hebrea, ese fue el peor de sus pecados: usar el nombre de Dios. Él era —y sigue siendo— tan sagrado, que nombrarlo estaba absolutamente prohibido. Incluso hoy, esa tradición continúa: a Dios se le piensa, se le siente… pero jamás se pronuncia su nombre completo, *y mucho menos en vano*, como advierte el mandamiento. Al escribirlo, se recurre a formas abreviadas: D-s, Ds o D', entre otras. Estos gestos, tanto hablados como escritos, son, para ellos, una doble expresión: memoria de su existencia y respeto por su santidad.

Ahora bien, era claro que, para que Lilith hubiera podido salirse del Edén —más aún, como se narra en algunas versiones del mito: volando por los aires—, no se trataba de algo que pudiera hacer por sí sola, sino a través de una fuerza superior. Es decir, estaba en sociedad con Dios. Pero surgía una nueva duda: ¿cómo es que conocía su nombre poderoso? Algunos intérpretes posteriores comentan que Lilith lo conocía porque era "la favorita de Dios". Esta idea es un perfecto ejemplo de lo que es un *midrash*: un cuento dentro del cuento.

SEGUNDA PARTE DEL MITO: "ÁNGELES, DEMONIOS Y CASTIGO"

Adán se quejó con Dios:

—La mujer que me diste… me dejó —le reclamó.

Entonces, Dios envió a tres ángeles en su búsqueda. Ella estaba cerca del Mar Muerto. Ahí donde habitaban los demonios. Por eso se decía que ella, con ellos.

Senoy, Sansenoy y Semangelof fueron los tres ángeles que llevaron el mensaje de Dios, pero Lilith tenía otros planes.

No podía regresar al Edén. No quería.

Además, había estado cerca del mar, donde —todos sabían— vivían los demonios.

—Si no vuelves… morirás —fue la condena de los ángeles.

—No, no lo haré —les aseguró Lilith—. Porque Dios mismo me ha hecho un encargo…

Y aquí comienza la parte más oscura del mito: ella habría recibido un nuevo rol —impuesto o asumido— en el universo simbólico del castigo.

—Tomaré el alma de los niños recién nacidos en su cuna —declaró Lilith—. Pero si acaso viera sus tres nombres escritos junto a las criaturas, protegiéndolos… pasaré de largo, sin hacerles daño.

No había nada más que hacer. Los ángeles se retiraron.

Sellaron el pacto con ella… y se convirtieron en ángeles guardianes de los bebés recién nacidos.

Desde entonces, Lilith vagaría sola por las noches, con su cabello rojo y largo, su cuerpo curvo y sensual. Hermosa… pero sola. Buscando jóvenes a los cuales seducir y poseer sexualmente. Y vengándose de los hijos de las herederas de Eva.

La noche, la media luna, las lechuzas, los chacales y otras criaturas nocturnas serían sus compañeros.

Así como su incansable deseo sexual.[8]

Esta interpretación del mito aparece hasta el siglo XIII d.C., en plena Edad Media y bajo el cobijo de la mística judía. Es decir, catorce siglos después de la primera parte del mito. Este es el momento en que se entrelazan el miedo, la superstición y las proyecciones patriarcales más intensas. Por eso las complejidades del personaje se intensifican: su belleza exótica, su cabello suelto y rojo —provocador de una atracción pecaminosa—, su sensualidad abierta y su sexualidad exacerbada.

Lilith es ahora entendida como un espíritu maligno.

Había nacido al mismo tiempo que Adán, por lo tanto, sus secretos quedaron encriptados en los códigos del libro más antiguo de la Cábala judía: el Zohar.[9] A medida que el mito se profundiza, se vuelve evidente que aquella primera parte —donde Lilith simplemente pide otra posición sexual y, al no obtenerla, se marcha— no resultaba lo suficientemente amenazante como para que las mujeres se alejaran de su ejemplo. Al contrario, podría convertirse en una figura atractiva. Era necesario crear un castigo y una advertencia.

Fue entonces cuando el mito dio la vuelta. Vino el **twist** de la historia.

No ha existido nunca un dolor más grande para una madre que perder a sus hijos, ni misterio mayor que verlos nacer sanos y, de pronto, amanecer muertos. El síndrome de muerte súbita —la llamada "muerte de cuna"— no tenía explicación. Y en esos tiempos, menos. Sin ciencia ni médicos, sin razones claras… lo único que quedaba era una maldición.

Así, entre llantos, las mujeres se acercaban a los rabinos en busca de una explicación. De consuelo. Y ellos tenían que dar respuestas. Buscaron a quién culpar. Necesitaban un chivo expiatorio.[10] Alguien sobre quien descargar el desasosiego del pueblo. Esa fue Lilith. Era perfecta. Una mujer que se atrevió a irse. Una mujer que dejó a su hombre. Una mujer que no volvió.

Cuando los líderes religiosos de ese tiempo escogieron a Lilith, el dolor de las mujeres —convertido en odio— la sentenció. La movida fue perfecta. Ellos quedaban intactos. Y la culpa… tenía nombre. La imaginería de ese tiempo dio resultado.

Con esta segunda parte del mito, la enseñanza estaba consumada y la venganza completa: las mujeres aprendieron a odiar a Lilith, a rechazar la belleza, a juzgar la valentía. Cualquier libertad se volvió un peligro. Seducir, pedir, desear otro placer… una amenaza.

Nadie volvió a preguntarse si la historia era cierta o no: su nombre fue silenciado, su estudio prohibido, y por generaciones, Lilith quedó sepultada bajo las lápidas del invento.

Otras fuentes y posibles orígenes del mito de Lilith

Pero ¿por qué esa historia, con esas características? ¿Cómo es que se les ocurrió algo así?

El pueblo hebreo no estaba aislado de su entorno. Convivía con las comunidades vecinas, cuyas creencias y costumbres inevitablemente se mezclaban con las suyas. Lilith se fusionó con una figura de origen mesopotámico: **Lamashtu**, un demonio femenino que robaba o mataba a los niños por la noche. Hasta la raíz de los nombres concuerda. No solo eso: **Lamashtu** atacaba también a hombres jóvenes que viajaban solos, los seducía, les chupaba la sangre y devoraba su carne.

Lilith también puede representar a las mujeres cananeas que adoraban a la diosa Anat, a quienes se les permitía ejercer libremente su sexualidad antes del matrimonio. Las israelitas que adoptaban estas prácticas eran fuertemente censuradas por los profetas, especialmente cuando sus ofrendas rituales provenían de ese origen.

Así lo establece Deuteronomio 23:17-18: "No haya ramera entre las hijas de Israel [...] no traerás la paga de una ramera ni el precio de un perro a la casa de Jehová tu Dios por ningún voto; porque abominación es a Jehová tu Dios tanto lo uno como lo otro".

Etimología y orígenes mesopotámicos

En cuanto a su nombre, este proviene del término asirio-babilónico **Lilitu**, que significa "demonio femenino" o "espíritu del viento", el cual formaba parte de los nombres que se pronunciaban en los conjuros babilónicos.

Anteriormente apareció en una tablilla sumeria, conocida como *El árbol huluppu* (o la Tablilla de Gilgamesh, Enkidu y el inframundo), una figura femenina llamada *ki-sikil-lil-la-ke*, que se ha vinculado con Lilith por su fonética y por su función. El fragmento describe cómo la diosa Inanna planta un árbol huluppu en su jardín, y, al crecer, tres criaturas se instalan en él: una serpiente en las raíces, un pájaro en las ramas y una figura femenina en el corazón del tronco. Esta figura es la *ki-sikil-lil-la-ke*, que algunos han interpretado como un espíritu femenino asociado a los vientos, la oscuridad o la noche. Muchos estudiosos consideran que esta es una de las primeras apariciones del arquetipo que luego se consolidará en Lilith.[11]

La etimología hebrea pudo haberse derivado de la palabra *layil*, que significa "noche"; de aquí que también se le considere como un ser nocturno o demonio femenino de la noche. Esta relación probablemente se toma del pasaje de Isaías 34:14-15, que en algunas traducciones dice: "Lilith mora en las desoladas ruinas del desierto edomita, donde la acompañan otras criaturas nocturnas como chacales, víboras, lechuzas y cuervos".

Otros inventos sobre el texto bíblico

Algunos *midrashim* y lecturas posteriores han querido ver a Lilith —o al menos su sombra— en ciertos pasajes de la Biblia hebrea. Uno de los más citados es el juicio del rey Salomón, cuando dos mujeres se disputan un hijo. El relato aparece en 1 Reyes 3:16-28, y comienza así: "En aquel tiempo vinieron al rey dos mujeres rameras, y se presentaron delante de él" (1 Reyes 3:16). Ambas afirman ser la madre del mismo niño. Una asegura que la otra, al dormir, aplastó sin querer a su bebé, y que luego lo cambió por el suyo. Salomón, en un juicio que revela su astucia, propone dividir al niño en dos para dárselo a ambas. Una de ellas, conmovida, renuncia a su reclamo para que el niño viva. Así, el rey identifica a la verdadera madre. La presencia de las dos mujeres —ambas identificadas como prostitutas— ha dado lugar a interpretaciones simbólicas. Algunos han querido ver allí la figura de Lilith: la mujer que no protege la vida, sino que la reclama con violencia o engaño. Pero esta es, sin duda, una lectura tardía que no aparece en el texto original.

También se ha sugerido que Salomón sospechaba que la reina de Saba era Lilith. El episodio está narrado en 1 Reyes 10:1-13, cuando la reina viaja a Jerusalén para poner a prueba la sabiduría del rey.

Según un *midrash* contenido en el *Tárgum Sheni* —una traducción aramea del Cantar de los Cantares, compuesta entre los siglos VII y VIII—, cuando la reina de Saba visitó al rey Salomón, este dudó de su naturaleza humana al notar que tenía las piernas velludas, una característica que, según la tradición rabínica, delataba a los demonios femeninos como Lilith. El texto bíblico no menciona esto, pero la sospecha aparece en esta interpretación posterior, cargada de simbolismo sobre el deseo, el peligro y lo femenino enigmático.

En el libro de Job también se ha intentado vincular a Lilith con la tragedia que cae sobre el protagonista cuando pierde a sus hijos. En el capítulo 1 se narra cómo, tras el diálogo entre Dios y Satanás, este último desata una serie de desgracias sobre Job. Uno de los pasajes clave es: "Un gran viento vino del lado del desierto y azotó las cuatro esquinas de la casa, la cual cayó sobre los jóvenes y murieron" (Job 1:19).

El viento —símbolo asociado a los lilitu mesopotámicos— y el hecho de que en la tradición hebrea Lilith era temida por atacar a los niños recién nacidos han llevado a algunos a ver aquí su presencia. Pero el texto no menciona su nombre ni lo sugiere directamente.

Finalmente, hay una alusión indirecta en la bendición sacerdotal de Números 6:24, donde el texto dice: "El Señor te bendiga y te guarde". Algunas versiones litúrgicas posteriores añadían: "… y te proteja de los lilim", como se conocía a los supuestos hijos de Lilith.[12] Aunque esta línea no aparece en la versión hebrea tradicional (conocida como el texto masorético), sí refleja el temor generalizado hacia fuerzas femeninas, nocturnas y demoniacas.

Similitudes en otras mitologías

Lilith no está sola en la historia de los mitos. En otras culturas y tradiciones, también se narraron historias de mujeres o entidades femeninas que compartían con ella atributos oscuros, nocturnos, subversivos o demonizados por el patriarcado.

El hecho de que Lilith huyera al Mar Rojo no solo remite a la antigua creencia hebrea de que el agua atraía a los demonios, sino que existía en muchas culturas, donde los cuerpos de agua eran vistos como portales entre mundos, espacios donde lo humano y lo sobrenatural se entrelazaban.

Su negativa a yacer debajo de Adán y la razón por la que lo abandona ha sido relacionada con las Lamias, hijas de la diosa Hécate. Las Lamias también rechazaban la sumisión sexual y preferían estar encima del hombre en el acto. Existen relieves helenísticos que muestran esta postura, como también lo hacen las primeras representaciones sexuales en Sumeria (aunque no en la iconografía hitita). Se decía que estas hechiceras seducían a los hombres dormidos, chupaban su sangre y comían su carne, acusaciones que, siglos después, también se lanzarán contra Lilith.

Hay quienes han visto en Lilith un eco de una figura trágica: una reina libia abandonada por Zeus, a quien la diosa Hera le robó a sus hijos. Loca de dolor y sed de venganza, comenzó a robar a los hijos de otras mujeres. Este arquetipo, la madre devastada que se vuelve sombra, se repite en distintos pueblos.

En el folclore del norte de España, especialmente en el País Vasco y Asturias, existen seres llamados *Xanas* (o janas, derivadas de "dianas"). Son mujeres sobrenaturales que habitan en montañas, cavernas y ríos. Representan a la diosa Mari, la Gran Madre, también llamada la Madre Tierra.

Las xanas pueden castigar o premiar a los humanos. Llevan en sí una matriz de oscuridad; reinan sobre los elementos del mundo subterráneo. Por eso están asociadas tanto a la vida como a la muerte. Son cuna y sepulcro, principio y fin.

Esta doble fuerza —vida y muerte, placer y castigo, sombra y deseo— fue justamente lo que recuperaron las feministas del siglo xx. Lilith dejó de ser para ellas la bruja o el demonio y se convirtió en un emblema: la mujer que no se somete, la que elige, la que se va si no se le respeta.

Ya no era solo la madre de monstruos. Ahora era también la madre de sí misma.

LILITH ESCONDIDA EN NUESTRAS COSTUMBRES

Lo irónico de las herencias culturales es que muchas veces se esconden en nuestras costumbres más sencillas: hacemos cosas sin imaginar su origen. Así, por ejemplo, cada vez que una mujer canta una canción de cuna, está más cerca de Lilith de lo que imagina. Y es que, sin saberlo, invocamos su nombre en el código secreto de donde proviene la palabra *lullaby* (canción de cuna en inglés).

Diversos investigadores del mito y del lenguaje han rastreado este término hasta una antigua costumbre judía, incorporada en la Edad Media: colocar mensajes y amuletos sobre la cuna de los recién nacidos para protegerlos. En un principio, estos mensajes contenían los nombres de los tres ángeles que —como vimos— intentaron convencer a Lilith de regresar al Edén: **Senoy, Sansenoy y Semangelof.** Con el paso del tiempo, estas figuras se transformaron en los angelitos de la guarda que decoraban las cunas y protegían a los bebés, aun cuando sus nombres hayan sido olvidados.

Pero, según esta corriente interpretativa, hubo un giro: los mensajes dejaron de estar dirigidos a los ángeles y comenzaron a transformarse en advertencias contra Lilith. Así nació la frase "Lilith Aby", que en hebreo antiguo se traduce como: "¡Lilith, aléjate!".[13]

Algunas teorías sostienen que la palabra *lullaby* proviene justamente de esa fórmula protectora: Lilith Aby —una súplica transformada en canción—. Por supuesto, existen otras versiones menos aventuradas que atribuyen el origen de la palabra a una imitación de los sonidos guturales del arrullo materno: *lu-lu, la-la*, repetidos hasta calmar al bebé.

Sin embargo, el eco de ese *bye* —como un adiós murmurado— sigue flotando entre ambas hipótesis.

En paralelo, cabe notar que muchas comunidades judías hasta la actualidad, especialmente las de raíz oriental, mantienen una antigua instrucción no escrita: *no pronunciar el nombre de Lilith en voz alta.* Incluso estudiarla se evita, casi como prohibición, como si conservara un poder que nadie quiere provocar. Tampoco se dice el nombre del bebé recién nacido: en el caso de los niños, hasta el día de la circuncisión (el octavo); en el de las niñas, hasta su presentación en el templo, la llamada "visita", que suele hacerse a los veinte días.[14] Todo para no llamar la atención de Lilith.

Pero esta costumbre no se limita al mundo judío. En cunas de todo el mundo —de cualquier religión o tradición— aparecen móviles, angelitos, colguijes, listones rojos, ojitos, manitas protectoras, medallitas, vírgenes diminutas… Que no son otra cosa que supersticiones medievales transformadas en gestos cotidianos, aunque no sepamos de dónde vienen.

Y tal vez, sin saberlo, cada vez que una madre canta una *lullaby* realiza un gesto de justicia con Lilith. Porque lejos de ahuyentarla, es ella —la mujer libre, la que no se somete, la que conoce el poder del alma femenina— quien cuida del sueño del bebé. Muy al contrario del mito…

Lilith se ha quedado, y vela.

LA VOZ DE LILITH

El primer rescate de esta mujer pelirroja sucede históricamente desde los pinceles de los románticos del siglo XIX. Artistas como John Collier y Dante Gabriel Rossetti la pintan por primera vez no como amenaza, sino como símbolo de libertad. Vaya… la pintan, porque antes de eso nadie lo había hecho.

Lilith sale del silencio y del olvido en sus cuadros, donde la belleza no representa peligro, sino presencia. Un aire de libertad y de plenitud la rodea: puede cepillar suavemente su abundante cabellera roja, o jugar sin miedo con una gran serpiente.

Sin embargo, Lilith vuelve a desaparecer.

Y tras un largo silencio, serán las feministas del siglo XX quienes la recuperen como bandera de fuerza y merecimiento. Lilith se convierte en una forma de ser: la punta de lanza de una forma de vida donde la decisión personal sobre el cuerpo y el gozo no se negocia.

Pero si miramos con objetividad nuestro presente nos estamos equivocando… otra vez. A Lilith no le hacen falta nuevos inventos y basta con *googlear* su nombre para encontrarse con cientos de imágenes distorsionadas: ilustraciones sexistas que la muestran como demonio o vampira de cuerpo y postura seductora —senos grandes, cintura diminuta, piernas contorneadas, mirada sedienta, cabello —por supuesto— rojo, largo y ondulado… Todo en ella es sensual. Y falso. Una sensualidad, pero reducida a cliché, que se queda en la superficie de lo visible, sin tocar su profundidad ni su verdad. La vuelven a limitar. La reducen otra vez a un cuerpo deseable y peligroso.

Quienes creen que con esta versión la liberan, se equivocan. La utilizan. La distorsionan. La confunden de nuevo. La belleza vuelve a ser sinónimo de maldad. Y la fuerza sexual queda despojada de su sacralidad.

Para limpiar este mito hay que tener el valor de ir profundo: en Lilith… y en quienes la contaron. Hay que atreverse a mirar el espejo de la sociedad y sus distorsiones, sin pestañear.

Lilith no es solo luz. ¡No! Tampoco nosotros lo somos. Lilith es la esencia de una mujer libre y bella que pagó un precio muy alto. ¿No seguimos haciendo eso hoy?: limitar, clasificar, encasillar, juzgar… Lilith guarda silencio frente a todo lo que han inventado sobre ella. Porque esa es su forma más poderosa de responder: "Eso que dices de mí, está en ti". Sombra y luz. Como lo que somos todas: luz y sombra.

Todavía hoy, después de siglos de haberla cargado con la energía del temor, nos cuesta trabajo verla de frente: tan atractiva e independiente, con su fuerza y desafío, con su historia completa… *la primera valiente de la historia convertida en demonio.*

Pero si somos capaces de regresarle una historia propia —objetiva y consciente—, podremos ver que Lilith representa a todas las mujeres condenadas como pecadoras: las apedreadas por sus decisiones, y muertas por sus elecciones libres. Representa también a quienes han sido señaladas —incluso seamos honestas, por nosotras mismas, las mujeres— y expulsadas de la sociedad tan solo por ser demasiado bellas, por atraer a los hombres, y poner en riesgo —según esa mirada— la maternidad, la familia o el orden establecido.

No podemos perder de vista que Lilith nunca ha levantado la voz para defenderse. No existe un solo pasaje donde lo haga. Es la gran silente. Entonces, en ella habitan todas las mujeres que no han podido contar su historia: las quemadas por el invento, la sospecha, la envidia y el puritanismo de otros.

Pero vayamos un poco más profundo.

Tengamos la valentía de ver la otra verdad de Lilith: ella es la diosa oscura que hay dentro de toda mujer; es nuestra sangre de cada mes, la media luna, la noche de nuestras entrañas, los deseos ocultos de la psique, nuestra fuerza y nuestra decisión; es el alto que somos capaces de poner, los adioses definitivos, la evolución y el límite… aunque tengan un precio alto.

¡Mujeres! No solo somos Eva. También somos Lilith. Y reconciliarnos con ella es saber que la luz también brilla en la oscuridad.

Cuando la acepté en mí, pude no solo mirar a Lilith y contar su historia, sino agradecerle. Habitarla. Dejé de temerle. Ese miedo era la idea impuesta por otros. Miedo debería darnos no poder poner límites como ella lo hizo. Quedarnos donde no debemos estar. Cobrar facturas a diestra y siniestra mientras hacemos cada día lo que no queremos.

Miedo… es ser infelices por decisión.

Estudiando a Lilith —y comprendiéndola— me quedó claro que mientras le temamos a nuestra sombra, esta seguirá limitándonos.

Solo Eva y Lilith, de la mano, en nuestro interior, nos convierten en una mujer completa.

La fuerza y la dulzura nos habitan por igual. Somos sabias y aguerridas, silentes y fuego ardiente. Somos la calma, pero también la acción.

El equilibrio entre estas dos energías… es nuestro privilegio. Es cuestión de una sola decisión: aceptarlo y, después, quererlo.

ARQUETIPOS

HIJAS DE EVA

LA EVA DE PIEDRA
- *La Eva de Autun* (siglo XII), de Gislebertus de Autun, Capilla San Lázaro en la Catedral de Autun, Francia.
- Página 118.

LA EVA DOLIENTE
- *La Eva doliente*, de Masaccio (1401-1428), Capilla Brancacci, Florencia.
- Página 123.

LA EVA INOCENTE

▸ *Adán y Eva* (1528), de Lucas Cranach, El Viejo (1472-1553),
  Museo de San Carlos, Ciudad de México.
▸ Página 128.

LA EVA SANANDO

‣ *Eva* (ca. 1884), de Auguste Rodin (1840-1917),
  Museo Soumaya, Ciudad de México.

‣ Página 133.

LA EVA SENSUAL
- *Adán y Eva* (1918), de Gustav Klimt (1862-1918), Galería Belvedere, Viena, Austria.
- Página 139.

LA EVA SERENA
- *Eve and the Garden* (2013), de Christian Schloe, arte digital.
- Página 143.

LA EVA EN CONCIENCIA

▸ *The Golden Serpent* (2000), de Michael Parkes (1944), litografía en piedra de edición limitada, colección privada.

▸ Página 148.

Hijas de Lilith

LILITH DE TIERRA
- *La Reina de la Noche*, o *Altorrelieve de Burney* (Sumeria, 1800-1700 a. C.), Museo Británico, Londres, Inglaterra.
- Página 153.

LILITH LA BLANCA
- *Lady Lilith* (1866-1868), de Dante Gabriel Rossetti (1828-1882), Museo de Arte de Delaware, Estados Unidos.
- Página 157.

LILITH LA VERDE
- *Lilith* (1892), de John Collier (1850-1934), Galería de Arte Atkinson, Southport, Inglatera.
- Página 161.

LILITH LA GRIS
- *Evening Mood* (1882), de Adolphe Bouguereau (1825-1905), Museo Nacional de Bellas Artes de La Habana, Cuba.
- Página 166.

LILITH LA ROJA
- *La pestaña del lobo* (2006), de Lucy Campbell, arte digital.
- Página 171.

LILITH DE AQUA

- *The Invocation of Lilith* (2010), de Emily Balivet, propiedad de la autora.
- Página 176.

LILITH DE OCRE
▸ *Lilith* (2016), de Wymithan, arte digital.
▸ Página 181.

LA MUJER MADRE

LA MUJER MADRE
- *Amalurra* (2016), de Marisa López Moreno, *Sarima*, arte digital.
- Página 186.

V

EN EL ESPEJO DE EVA Y LILITH

Ya conocimos a las dos "esposas de Adán": su lugar en el Génesis, su existencia invisible pero real en nuestra vida y su influencia en la formación —o deformación— de nuestras sociedades.

Pero… ¿Qué tenemos nosotras de Eva? ¿Cuál es su herencia? ¿Podemos mirar de frente a Lilith? ¿Qué fue lo que pasó, que sabíamos tan poco de ella? ¿Seguimos callándola? ¿Tenemos miedo? ¿Qué nos refleja?

En los siguientes capítulos cambié la historia por el arte. Es tiempo de leer y vivir los arquetipos de Eva y Lilith, sus posibles formas de ser, sus mensajes y su aplicación práctica en nuestra vida.

Lo primero que hice fue tomar obras de arte inspiradas en ellas —de los más diversos artistas y creadores— para comprender cómo un mismo suceso, y los mismos "personajes", pueden ser vistos y entendidos desde muchos ángulos diferentes.

Si la propuesta de cada uno era tan distinta —y, por tanto, su visión sobre Eva o Lilith también—, entonces se abría frente a mí un abanico de posibilidades en cuanto a estilos y formas de ser mujer: espejos de Eva o de Lilith.

Los arquetipos que propongo son un reflejo de esas formas de ser y de momentos específicos que vivimos. Ojo: ¡no son un decreto! Leerlos, verlos, meditarnos será más bien como si dieras un paseo por un bosque donde hay distintos estanques: en unos puedes verte, en otros no; algunos te llaman, otros te repelen.

Las Evas y Liliths que elegí parten de la mirada del artista que las creó, resultado de su época y de su mundo interior —como ocurre con toda obra—. De ahí comienza mi propuesta personal: a cada una la transporto al presente que habitamos mujeres de carne y hueso, como tú y yo; mujeres que veo reflejadas en esas imágenes en particular.

Será, pues, mi observación del universo femenino —y de mí misma— la que verás plasmada en estos arquetipos. No son "la mujer", sino momentos de ser mujer.

Para interpretar los símbolos de las pinturas, lo hice a partir de un estudio, primero iconográfico e iconológico de las obras, con sustento en diccionarios especializados de símbolos y mitología. Es decir, a la manera tradicional del proceso, estudio y análisis académico del arte. Sin embargo, la identificación de esos símbolos con los estados emocionales, psicológicos y físicos de la mujer es un juego de mi intuición. Nace de la observación y la inspiración, de la pausa y la propuesta íntima de lo vivido alrededor de las mujeres de mi vida.

Así encontrarás catorce arquetipos: siete Evas y siete Liliths. Cada imagen está tomada del más variado estilo de arte: desde el sumerio ancestral o el bajorrelieve medieval; lo mismo pinturas renacentistas que románticas, y también ilustraciones digitales y propuestas de artistas contemporáneos. Todas ellas conforman esta paleta de Mujeres-Eva y Mujeres-Lilith. Las corona un arquetipo adicional, el número quince: la Mujer Madre. Cada figura se presenta con un análisis formal de los símbolos y características de su obra, para adentrarnos en sus detalles artísticos. Pero el estilo de mujer y el momento específico que representa —con su lucha y su victoria— fueron producto de la inspiración que me guio.

Con plena conciencia de lo que estoy proponiendo, me dejé guiar por la intuición que siempre me ha acompañado… pero esta vez, con un objetivo dirigido: compartirte a Eva y Lilith en múltiples facetas, y que te fueran útiles más allá del conocimiento. Fue la valentía de sumar mi visión la que nos permite conectarnos con los arquetipos y vivir otro sentido de los mismos; de no hacerlo así, correríamos el riesgo de quedarnos solamente con información.

La idea es poder aterrizar lo que vimos en capítulos anteriores en algo más concreto y personal, incluso más útil. Conocer y reconocer dónde estás parada y por qué, dependiendo de lo que tu interior te diga al revisar cada estilo de Eva o Lilith en sus arquetipos. El juego es doble: yo propongo, tú intuyes y dispones.

UNAS CUANTAS ADVERTENCIAS NECESARIAS

Las imágenes e interpretaciones aterrizadas en los estilos de mujer que se presentan aquí no pretenden ser características fijas de una personalidad, sino estados momentáneos por los que todas atravesamos: a veces antes, a veces después… y unas más que otras.

Hacer estos arquetipos no se trató de clasificar —y mucho menos de calificar— a las mujeres. Por el contrario, solo quise ofrecer un espejo y una pausa: esa mirada que a veces no nos permitimos en medio de la prisa y la rutina. Vernos nos da la posibilidad de movernos —o no— del lugar donde estamos y de cómo nos sentimos, pero desde la conciencia de ello. Nos ayuda a ubicarnos con honestidad y tomar un rumbo más claro.

Este alto es un paréntesis, y cada imagen, un reflejo de quién eres hoy, con sus pros y sus contras. Es el entendimiento de un proceso, una observación activa —y hasta divertida— de dónde te encuentras, en medio de tus circunstancias.

La idea es que abraces todas tus facetas, y que no te detengas a pensar que solo eres cierta Eva o Lilith. Recuerda: las dos juntas nos completan. Con sus luces y sombras, somos la iluminación en la oscuridad, tanto como el sepulcro en donde renace la vida.

Encontrar tus dos arquetipos puede ser intenso y reconfortante. Jugar con ellos, recorrer tu propia historia, te invitará a una reflexión interesante. Igualmente, contactar con lo que te hacen sentir: ¿cuál de estas imágenes te provoca dolor o repulsión? ¿Cuál te atrapa o te enamora? ¿Con cuál te sientes molesta, y cuál te es indiferente? En la emoción que experimentes frente a ellas puede estar la clave que necesita tu corazón, una brújula para el camino. Por algo estás leyendo este libro… por algo.

Y para los hombres que están leyendo Eva y Lilith: ¿qué les dicen estas imágenes? ¿Qué les cuentan de su pasado, de su madre o de sus relaciones? ¿Qué miran de sus hijas en Eva o Lilith? ¿Cuánto han cambiado las mujeres que hay en su vida? ¿Qué revela esto sobre sus elecciones? Estas imágenes simbolizan tu dualidad. ¿Cuál es, entonces, tu espejo? ¿Cómo te sentirías con una Lilith absolutamente libre y poderosa como pareja? ¿Amenazado u orgulloso? ¿Completo o empequeñecido? ¿Por qué? ¡Cuántos hombres sueñan con Lilith como amante, pero le huyen como esposa! Y frente a eso… ¿están listos para compartir la vida con una mujer que no fue creada para obedecer? ¿Con una Eva que ya no pide permiso para ser ella misma? Tal vez la pregunta no sea: "¿Qué nos dice esto sobre ser complemento?", sino: "¿Estás dispuesto a relacionarte con alguien que ya está completa?". Y si están solos, bien vale la pena buscar una mujer entera: mitad Eva, mitad Lilith, que los acompañe en su camino.

¿Qué les falta para tenerla?

Mira. Solo mira. Atrévete a contarte la verdad.

Recuerden: estos arquetipos no son limitantes; son un juego para el intelecto y un descubrimiento para el alma, desde la intuición. Este es un muy buen momento para afinarla, recalibrarla y agradecerle toda la guía que nos ofrece. Están hechos para gozarse, instalándose en ellos en su observación activa, pero plácida. Sin juicio y con honestidad, te sabrán mejor.

Y si ninguno tiene sentido para ti, no importa. Porque ya recorrimos juntos la pintura de varios siglos, y sirvieron de pretexto para revelarte las otras verdades que he descubierto sobre Eva, Lilith… y sobre mí misma.

Escrito en Puerto Vallarta, la noche de brujas del 30 de octubre de 2015, y revisado en el equinoccio de verano de 2025.

VI

LOS ARQUETIPOS DE EVA Y LILITH.
QUÉ VAS A DESCUBRIR...
Y CÓMO LEERLOS

L os quince arquetipos propuestos están divididos en tres secciones: primero las Evas, luego las Liliths, y al final la Mujer Madre.

Cada uno se compone de tres partes:

- Descripción general
- Profundización o consejo simbólico
- Un triángulo de atributos, formado por: color, esencia, animal y palabra de poder.

Al final de cada arquetipo encontrarás también la interpretación iconográfica de la obra artística que lo representa. Esta sección incluye un análisis formal y simbólico, da crédito al artista, muestra su visión y profundiza en ella. Cierra con la ubicación actual de la pieza y una breve narración sobre su historia.

La imagen

Es la pintura de donde tomé la inspiración para construir la esencia o el estado de esa mujer. Tiene un nombre relacionado con sus características, pero también se incluye el título original de la obra y el nombre de su autor. Para mí no solo es importante darles crédito, sino dejar clara la referencia.

La descripción

El primer texto describe las características de ese arquetipo. Es decir, no se detiene en la pintura como tal, sino en el estilo de mujer (Eva o Lilith) que se identifica con esa imagen. Es el espejo en el que te puedes ver… o no. ¿Ya pasaste por ahí y fuiste esa mujer? ¿O quizás estás viendo el reflejo de quien anhelas ser? Tal vez te muestra la mujer en la que tu alma desea convertirse. El reto será abrazarla… hasta lograrlo.

Y si ya la fuiste, lo recordarás con añoranza o con alegría: mirar a quienes fuimos nos permite valorar quiénes somos hoy.

También puede suceder que en ese espejo veas a tu madre, tu abuela o una amiga; a tu hermana, tu hija… tu vecina.

Mirar al otro —y en este caso, a la otra— sin juicio, y reconocerla, despertará una imagen más pura frente a tus ojos. ¿Verás tu relación con esa mujer desde otro lugar? Quizá sí… porque surge la comprensión y se despiertan la compasión, la admiración y, por lo tanto, la ternura, el apoyo, la solidaridad. En pocas palabras: el amor ocupa su lugar. La relación… respira con un nuevo

La profundización o el consejo

Yo no soy psicóloga ni terapeuta: soy una mujer que indaga, que estudia y que comparte. Mi medicina es la palabra. Por eso escribo y narro.

He aprendido a escuchar, a observar detenidamente y a decir —con amor y respeto— lo que intuyo, lo que veo. Siento más allá de analizar. Recibo con el corazón la información que está lista para ser transmitida y comprendida. Esta sección es así: como una conversación entre amigas. Se mezclan en mis palabras las historias leídas con las vividas. Se construye un puente de entendimiento: yo no doy recetas, cuento historias. Y desde la magia de un consejo sutil surge un estado cariñoso que nos conecta y sugiere un camino. Ocurre con fuerza: la complicidad entre mujeres, y la verdad que nos acompaña.

El triángulo y las esencias

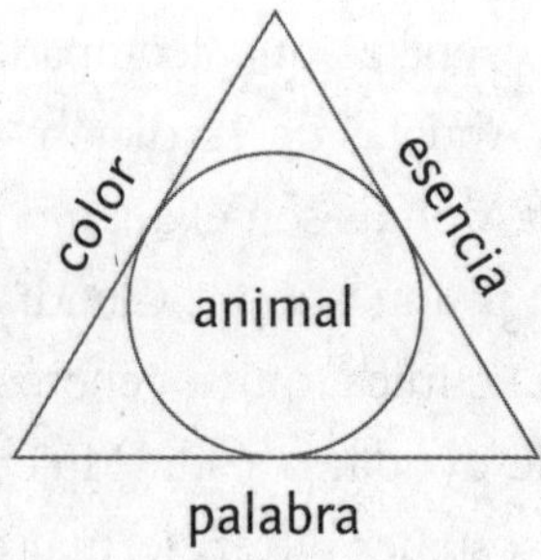

Entre los caminos que he recorrido, las enseñanzas recibidas no han sido solo académicas. También me he permitido aprender de la sabiduría ancestral de chamanes, mujeres-medicina, jefes de tribus y guías espirituales profundamente conectados con la armonía de la creación. Ellos han conservado intacta una herencia de conocimientos que complementa lo aprendido en los libros, especialmente en un presente tan cargado de lo superfluo. Así fue como me di cuenta de que cada una de las Evas y Liliths que propongo podía acompañarse de un regalo adicional, aprendido con estos maestros:

- Un color, que armoniza con el estado emocional de esa mujer.
- Su animal de poder, que trae consigo la medicina que necesita integrar.
- Y, por supuesto, una palabra, que sintetiza la energía requerida... el impulso que se necesita.

Todas estas aportaciones son complementos, sugerencias para hacer más orgánica y personal la experiencia de identificarte con una Eva o una Lilith, o con varias de ellas. La intención es que puedas llevar a tu vida cotidiana un conocimiento práctico, que te haga sentido y sume para tu más alto bien. Por eso también agregué las esencias que acompañan a cada arquetipo. Como bien dicen las Abuelas de Tradición —mujeres sabias que nos preceden—: "Los aromas son el aliento para el alma".

Cada esencia fue propuesta por Claudia Desoche, experta y maga en aromaterapia clínica, quien generosamente nos comparte qué esencia puede ayudar a cada Mujer-Eva o Mujer-Lilith, según lo que quiera sostener o transformar en su vida, ya sea en lo emocional, espiritual, mental o físico. Dicho en sus palabras: "En un momento de absoluto recogimiento con la naturaleza puedes sentir si eres raíz, tallo, hoja, rama, fruto o flor. Eso que sientas que eres, con lo que te identificas, es lo que tu Ser te está pidiendo... y hay que hacerle caso".

Sumergida en el mundo de Eva y Lilith, Claudia encontró las esencias que las dibujan, las envuelven, las empoderan y las equilibran. Los aromas son parte de nuestra vida. Dejarte guiar por tu intuición y por la sensibilidad de Claudia enriquecerá tu experiencia con Eva y Lilith.

Todo está integrado en la naturaleza: nosotros somos parte de ese todo, y los elementos están puestos ahí para nuestro servicio. El alma va buscando sus aliados… tómalos, ayúdate y sigue adelante en tu camino.

LA MEDITACIÓN COMO CONEXIÓN Y CAMINO

Hace tiempo que la meditación es parte de mi vida. Es lo que le ha dado cauce y sentido a mi quehacer; el lugar donde encuentro la calma con la que trato de vivir; mi invernadero, donde florecen la energía, la alegría y la pasión.

Cuando eres muy físico o mental, como es mi caso —todo el día me gira la cabeza; es mi recurso, pero también puede ser mi verdugo—, es vital aprender a guardar silencio. Solo ahí se atreve a salir el corazón… y percibimos con claridad.

Es por eso que, como parte de esta nueva edición, cada arquetipo está acompañado por un código QR que, al activarlo, te conectará con una meditación creada especialmente para cada uno. Cada una está grabada con mi voz, cuidando cada palabra, cada ritmo y cada silencio, para propiciar una elevación de tu espíritu al escucharlas, y convertirlas en una práctica cotidiana para tu vida. Es mi manera de invitarte a que tu alma y tu esencia no solo conecten con el texto, sino con el propósito profundo de cada Eva o Lilith. Puedes experimentarlas conforme avances por los arquetipos, o bien regresar a alguna en específico, de acuerdo con lo que intuyas que necesitas: serenidad, poder, astucia, sensualidad, valentía…

Cada meditación y cada arquetipo son un viaje a tu interior, y un acompañamiento para tu momento de vida: si estás en un cruce de caminos, encontrarás una Eva o una Lilith que te inspiren; si acabas de atravesar la pérdida de un ser amado, estas esencias podrán acompañarte durante el duelo; o quizás estás lista para comenzar una nueva relación, una aventura, y encuentres —en la meditación que elijas— el guiño de un consejo, la chispa de una certeza, el susurro que estabas esperando.

Lee y escucha cada una, familiarízate con ellas y, después, hazlas tuyas: conviértelas en tu talismán, tu refugio o tu impulso para ser la Eva o la Lilith que tu alma te pide que seas.

▸ MEDITANDO A EVA

▸ MEDITANDO A LILITH

► *Eva de Autun*
(siglo XII), de
Gislebertus, capitel
de la Catedral de
Saint-Lazare,
Autun, Francia.
► Referencia
iconográfica:
página II.

► Meditando con
la Eva de Piedra

Descripción

La Mujer-Eva de Piedra no ha perdido su belleza, ni su capacidad de sentir, ni su feminidad, pero está cubierta por una losa que la mantiene inmóvil. Tiene una mirada dulce, armónica, no causa problemas; la resignación es el mosaico a la medida que se ha construido para sostenerse. Ella vive enmarcada en un mundo y una sociedad donde las normas morales imperan: la religión y las costumbres le han enseñado a cumplir. Su corazón tiene un latido velado; lo siente, pero no lo ve. Ha sido experta en acallar la voz que quiere hablar desde su interior. Su mente la convence con frases cinceladas: "La libertad puede ser libertinaje". Así aplaca las sensaciones que le recorren las piernas y prohíbe que se le enchine la piel o se le muevan las caderas. Se limita, se autolimita para salvarse. No cree que haya otro mundo diferente o mejor, sin que sea peligroso. La sola idea del cambio la aterra. Sus hijos, sus padres, su vida, su esposo, sus obras y su vocación van antes de las ideas que "contaminan" a cualquiera. Esas hay que controlarlas, castrarlas si es necesario. Sus ojos se nublan con juicios heredados que se mezclan en sus genes contra la idea de evolución, de integración, de vanguardia, de crecimiento. "La libertad puede ser libertinaje", se repite a sí misma. Ella confía en ensanchar su espíritu al rezar y cumplir. Solo hay algunas cosas que no entiende bien: por qué la inunda la nostalgia, por qué su sonrisa no encuentra el dibujo constante en su rostro, por qué quiere que llegue la noche y no acabe, por qué siente que habita la época equivocada, por qué se le entumen los huesos y le lloran desobedientes los ojos. Busca entonces un canto oculto, un consuelo, porque en el fondo de su alma sabe que aun las sirenas de piedra se mueven en silencio.

De frente a la Mujer Eva de Piedra

Poco se le puede decir a la Mujer-Eva de Piedra que traspase la coraza que ha construido alrededor de sus sueños, quedados sepultados en el deber ser. Hay un momento para todo y para todos. Si este texto te hizo un nudo en la garganta, si te hizo bajar la mirada, si una voz interna te dijo: "Ahí estoy yo"… entonces sabes que no hay losa que no pueda ser cincelada. Quizá lo más difícil sea traspasar el miedo a perderlo todo si cambias, pero nada es para siempre: lo único permanente es el cambio. Así que quizás, poco a poco, suavecito y sin juzgarte, puedas intentarlo sin sentir que el mundo se romperá en mil pedazos.

"Muévete a donde te sientas cómoda", este fue el consejo que me dio un rabino sabio hace tiempo. Y así lo creo para todos: no hagas nada que no te haga sentir cómoda, pero sé honesta contigo misma. Y si la tristeza te inunda más a menudo que la risa, es momento de buscar una clase de baile, de inventarte un viaje con amigas, de comprar un libro nuevo, de pintar o esculpir. Deja de darle todo a los demás y date un poquito —tan solo un poco— a ti misma. Sobre todo, dale a tu voz interior la oportunidad de contarte sus secretos. Nunca es tarde para darle un espacio a algún sueño; nunca es tarde para atreverse a dar un paso hacia sí misma, sin perder aquello que aparentemente nos sostiene.

Te cuento, por ejemplo, la historia de Remedios Varo. La gran pintora española-mexicana, que fue surrealista y luego, simplemente, una hechicera del pincel.

Lo curioso es que, en lugar de dedicarse desde el inicio a lo que la llamaba y en lo que era extraordinaria —pintar—, por miedo, prefirió un trabajo que aparentemente era más seguro: ser ilustradora publicitaria. Y no va a ser hasta los 44 años cuando se atreva a ser la gran Remedios Varo. Pero lo hizo. Ahí está el ejemplo: nunca es tarde.

Si estás cerca de una Mujer-Eva de Piedra y ella no lo ve, ni le interesa lo que opines, no la juzgues más. Comprende que su vida es como ella puede vivirla. Ama su proceso y entiende su época, a sus padres, sus circunstancias y sus miedos.

No todos estamos hechos para el cambio y la evolución. Y eso no es ni bueno ni malo. Simplemente… es.

El triángulo y las esencias

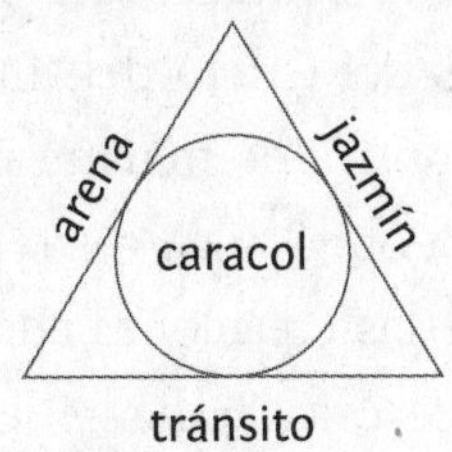

El color que acompaña la esencia de la Eva de Piedra es **el arena**, con su sobriedad y calidez al mismo tiempo. La palabra que puede desarrollar es **tránsito**, que ayuda a recordar que "nada es para siempre", y que donde se encuentre es solo una estación de paso… y nada más. El animal de la Eva de Piedra es **el caracol**, con los dos polos de su medicina: es el que aparentemente no se mueve y guarda silencio, incluso cuando no debería, pero en realidad recorre distancias protegido por su coraza y se ubica en lugares que nadie imaginaría. Además, va dejando una huella… que en sí misma ya es medicina.

Las esencias para la Eva de Piedra, según lo que quiera trabajar, son:

Espiritual:	jazmín
Emocional:	canela
Mental:	manzanilla
Físico:	siempreviva

INTERPRETACIÓN FORMAL*

Eva de Autun (siglo XII), de Gislebertus

Todas las investigaciones apuntan a que esta Eva es creación del escultor francés de nombre Gislebertus. En esa época, los artistas no eran reconocidos por su individualidad: pertenecían a escuelas y, poco antes, eran considerados simplemente artesanos. Sin embargo, a los pies del Cristo del tímpano del portal oeste de esta catedral se encontró, de manera insólita, la inscripción: "Gislebertus realizó esta obra". Este gesto marca un cambio radical. Por ello, el resto de las creaciones en piedra con las mismas características dentro de esa capilla se le adjudican al maestro

Gislebertus. Actualmente, la imagen se encuentra en el Museo Rolin, en Autun, Francia.

SIMBOLISMOS ESPECIALES

Con un trabajo impecable en piedra, esta figura logra —aun en la dureza del material— un movimiento innovador para su época. Perteneciente al final de la Edad Media, sorprende la sutil sensualidad que el artista consigue: curveada, serpenteante, de cabello largo y suelto, Eva cubre con disimulo su cuerpo, dejando expuestos los senos. Sonríe. Toma la manzana con una mano, de manera casi descuidada, sin darle demasiada importancia. Por su parte, la serpiente está presente entre el árbol y las ramas, detrás de Eva, pero sin molestarla ni acosarla.

UNA FIGURA ENTRE ÉPOCAS

El arte suele ser testigo del tránsito entre las eras. Y justamente así es esta Eva: está hecha en piedra y fue colocada en una iglesia, pero tiene una forma y un movimiento inusuales que nos hablan por sí mismos. Aparece acostada, con la emoción reflejada en el rostro. La Edad Media se está quedando atrás… y se acerca el Renacimiento. Las imágenes siguen siendo religiosas, pero lo relevante ahora es el ser humano y su sentir.

Esta Eva no tiene culpa ni sufrimiento. Disfruta el momento, nada más. Tampoco parece haber pecado todavía.

LA EVA DOLIENTE

▸ *La Eva Doliente*,
de Masaccio
(1401-1428), Capilla
Brancacci, Florencia.
▸ Referencia
iconográfica:
página III.

▸ Meditando con
la Eva Doliente

DESCRIPCIÓN

La Mujer-Eva Doliente está cargada de culpa. Tiene la vergüenza a cuestas, aunque no lo sepa. Simboliza ese momento en que los errores se convierten en lápida; se siente expulsada de sí misma y de su sociedad. Nadie quisiera sentirse identificada con esta imagen, pero la realidad es que la Eva Doliente habita en el silencio de muchas mujeres, carcomiendo su valor. Es la mujer que siente que falló: que le falló a sus padres, a sus hijos, a su pareja y a sí misma. Los altos estándares impuestos para ella no le permiten ver la dimensión de un error como una oportunidad, sino que lo vive como la tachadura de su existencia. Generalmente, las mujeres educadas en familias tradicionales, dentro de sociedades castrantes, han experimentado un costo altísimo al romper con lo que se esperaba de ellas: matrimonios duraderos aunque infelices, fidelidad perpetua a quien no lo merece, matar sus sueños por las cunas y la casa perfecta… así como guardar silencio. Pero esta Mujer-Eva decidió seguir su intuición. Se arriesgó —consciente o inconscientemente— a vivir un poco, a conocer, a experimentar. En su momento sabe que lo disfrutó, y que era necesario; pero el rebote de la culpa no la deja en paz. Casi siempre en silencio, o a escondidas, vive triste aunque no lo demuestre. Su mayor dolor es sentir que le falló a la moral de un Dios que le enseñaron: el que castiga si te portas mal. Está separada, segregada desde su propio sentimiento. Eso la tiene partida entre lo que vive, lo que necesita y lo que siente. Debe encontrar la forma de *religarse* con la divinidad —que es ella misma y Dios en ella— para recuperar su paz… y perdonarse. O simplemente entender que no hay nada que perdonar.

LA CULPA NO DEBERÍA SER UN CAMINO

Entre los grupos de Alcohólicos Anónimos se dice de manera cotidiana que hay dos sentimientos que pueden matar a un ser humano: la culpa y el resentimiento. Una amiga compositora de música de conciencia, Mati Covarrubias, me compartió un día su mirada sobre ese sentimiento que separa y segrega: "La culpa", me dijo, "es un exceso de importancia". "¡Wow!", pensé. "Ese sí que es un nuevo paradigma". Sentirnos culpables de un suceso, del dolor provocado en el otro —por ejemplo, la ruptura de un matrimonio, la adicción de un hijo o la tristeza de un padre— es también un exceso de importancia. Nadie es tan poderoso como para provocar una ruptura; nadie es tan importante como para ser causante total del dolor ajeno. Asumir los actos propios con responsabilidad es bello, porque te permite autoobservarte, conocer los recovecos de tu alma que te hicieron actuar de una u otra manera, pedir perdón, resanar con acciones y no solo con palabras… pero después, seguir adelante con dignidad.

Atorarse en la culpa solo destruye. Te hace entrar en un proceso de víctima-victimario donde el poder personal de cada parte se pierde entre reclamos y venganzas. La falta de merecimiento se instala en el interior y no te permite crear nada más, porque "no mereces nada mejor después de lo que has hecho" —esa es la voz de una sentencia sin sustento, nacida de una espiral sin fondo que puede ser la culpa cargada de autocompasión—. Este pensamiento, que parece tan dramático, suele estar tatuado en el fondo del inconsciente y boicotear el aprendizaje que puede traer consigo un suceso de ruptura.

Duele. Duele mucho estar separado de la divinidad que habita en nosotros.

Si esta imagen te identifica —es decir, si empatas tu sentir con su dolor— es momento de echarte un brinco en el espejo que te está regalando. La mejor manera de saber si la culpa vive como bacteria oculta en ti es observar las manifestaciones en tu presente: ¿amas tu trabajo o lo haces con sufrimiento y castigo? ¿Tienes a la pareja de tus sueños —sin ser perfecta— y estás plena, o vives en un eterno "ni modo, esto es lo que me tocó"?

Los trabajos terapéuticos de corte más oriental —donde el juicio de la religión judeocristiana se elimina, no como una destrucción de la fe, sino como un regreso a la responsabilidad humana sin culpa— pueden ser profundamente sanadores. La ley del **dharma** y el **karma** —virtud o falta de virtud— se vive como algo más natural, más orgánico.

Debemos asimilar que "todo sucede por algo", y que esta frase, más allá de un cliché barato, es en verdad la consecuencia de acciones orquestadas por nuestra alma para lograr una evolución. Es decir, para seguir creciendo, para abrir caminos, para ser más plenos y felices. Cuando entendemos que la culpa nos puede matar si la alimentamos, y que quedar atrapadas en ella nos hace sentirnos demasiado importantes, damos paso a una posibilidad mucho más hermosa de vivir. La culpa fue insertada en nosotros como sociedad occidental, pero no nos pertenece de manera natural como seres humanos libres, amados por un Dios que solo es eso: amor. Alejarse de ese prejuicio y abrirse a otras culturas que observan las acciones de forma más natural y sabia puede ser tan revelador como sanador.

El triángulo y las esencias

El color que da sustento a la Eva Doliente —o Culposa— es **el amarillo**: un poco por la esperanza, pero también por la amargura que se siente en este estado. Requiere de un ambiente mucho más cálido. La palabra a desarrollar es **objetividad**: desligarse del acto personal y mirarlo con más distancia. Su animal de poder es **el perro**, con su medicina de la lealtad, la comprensión y la fidelidad.

Las esencias para la Eva Doliente, según lo que quiera trabajar, son:

Espiritual:	pachuli
Emocional:	mejorana

Mental:	hinojo
Físico:	menta

INTERPRETACIÓN FORMAL

La Eva Doliente, de Masaccio (1401-1428)

Pintada durante el famoso Quattrocento italiano, esta obra marca el inicio del Renacimiento: ese momento en que el ser humano y lo que siente se vuelve lo más relevante. Por eso, aunque los temas aún sean bíblicos, lo que verdaderamente trasciende es la expresión humana de los personajes.

La Eva Doliente —también llamada la "Culposa"— aparece en la escena central de **La expulsión del Paraíso**, pintada por Masaccio, un joven y talentoso pintor italiano, admirado por muchos en su tiempo, incluido Miguel Ángel. La obra se encuentra en la Capilla Brancacci, en Florencia, dentro de la iglesia de Santa María del Carmine. Son tan importantes las pinturas que alberga este sitio, que a veces se le llama la "Capilla Sixtina del Primer Renacimiento".

SIMBOLISMOS ESPECIALES

Masaccio decidió pintar a Adán y Eva en el instante mismo de la expulsión: la pena, el dolor y la incertidumbre están colocados en cada uno de sus gestos. Los personajes se hallan en movimiento, caminan arrastrando su vergüenza. El pintor no se vale solo de los gestos de Eva —los ojos caídos, la boca que parece dar un alarido—, sino también de la curvatura y la posición de sus cuerpos: ella se cubre los senos y el sexo; Adán, la cara. Incluso si no conociéramos la historia a la que pertenecen, sabríamos que esta pareja atraviesa una pérdida, una tragedia. Eso era lo que más le importaba a los pintores del Renacimiento: empatarnos con la emoción humana, con el sentir del hombre.

Una pintura así jamás habría sido posible durante la Edad Media, recién dejada atrás en ese momento. Entonces, las figuras eran rígidas, hieráticas, evitaban todo sentimiento para generar únicamente respeto, meditación… e incluso distancia. Pero aquí, esta Eva y su hombre nos provocan compasión. Nos identificamos con su condición de humanos —no de pecadores—. No nos atrevemos a juzgarlos: los entendemos. La visión del ser humano ha cambiado para siempre.

La Eva Inocente

▸ *Adán y Eva* (1528),
de Lucas Cranach
el Viejo (1472-1553),
Museo de
San Carlos,
Ciudad de México.
▸ Referencia
iconográfica:
página IV.

▸ Meditando con
la Eva Inocente

Descripción

La Mujer-Eva Inocente refleja la edad física, emocional o mental de la mujer ingenua. Puede ser una adolescente que, sin decepciones previas, cree abierta y ciegamente en el amor eterno y en un futuro sin problemas; o una mujer adulta que vive desde su ingenuidad tanto la vida como las circunstancias. Es incapaz de hacer daño consciente a nadie, pero su manera —a veces descuidada— de relacionarse puede meterla en cloacas que no imaginaba: sin protección, se deposita en los demás; sin análisis, acepta proyectos, amistades y hasta relaciones que en muchas ocasiones terminan lastimándola. No sabe poner límites sanos desde la autoprotección... porque cree que no los necesita.

Todas las mujeres pasamos por etapas así, donde las palabras *para siempre* o *nunca más* se vuelven promesas irrompibles en un corazón que lo cree todo, porque necesita creerlo. Es la vida misma la que nos hace madurar —a veces sutilmente, y otras de golpe—. Sin embargo, también existen mujeres que deciden habitar, de forma abierta y deliberada, a la eterna Eva Inocente: prefieren cerrar los ojos, blindar el corazón, ser complacientes y aparentemente "engañables", para conservar las bondades de su paraíso. Quieren que sea eterno. Asumen el precio… y se instalan en la comodidad que "creen" que les brinda una vida así.

La doble cara de la inocencia

La inocencia es una cualidad enorme. La capacidad de seguir sorprendiéndonos por detalles pequeños, por cielos grandes, por una flor, un sabor o una mirada… es bellísima. Sin embargo, andar por la vida sin ningún tipo de armadura puede ser peligroso. No se trata de protegerse "porque todo el mundo es malo" ni de convertirse en un búnker con pies caminando por la calle, pero la sagacidad y la astucia son virtudes que vale la pena desarrollar.

En la Biblia hay un pasaje que siempre llamó mi atención. No podía creer que de la boca de Jesús —entendido ya sea como gran maestro, rabino de rabinos o el verdadero hijo de Dios encarnado— hubieran salido estas palabras: "No deis lo santo a los perros, ni echéis vuestras perlas delante de los cerdos" (Mt. 7,6). ¡Literalmente está diciendo: "No les des tus perlas a los cerdos"!

En una visión superficial, parecería que está llamando cerdos a algunas personas, y eso no suena muy amoroso que digamos, menos en una región del mundo donde los cerdos son animales "inmundos" para comer, como lo es en Israel. Pero si profundizamos en la metáfora —a fin de cuentas, así enseñó Jesús: con metáforas— está haciendo hincapié en algo muy importante: tendrás cosas que son sagradas… como tu corazón, tu palabra, tu historia y tu cuerpo. Y no es culpa de los "cerdos" si ensucian tus tesoros… sino tu responsabilidad si tú se los diste. Por algo el pasaje continúa diciendo: "No sea que las pisoteen, y se vuelvan y os despedacen" (**ibid**.).

Cronológicamente, se vale ser inocente. Irse abriendo a la vida en un tiempo personal. Conocer desde unos ojos limpios lo que vamos experimentando. Y también se vale no perder la capacidad de mirar de nuevo desde esos ojos infantiles que nos permiten volver a creer: tanto en uno mismo como en los demás. Pero es responsabilidad de cada quien asimilar con madurez los procesos de crecimiento y de cuidarse habitándolos. De entender cuáles son tus perlas y valorarlas. Por algo escuchamos a mujeres hechas y derechas decir: "Ojalá pudiera retornar a mi juventud, pero con lo que sé hoy". Tal parece que no es posible… que el tiempo y la experiencia son necesarios para adquirir sabiduría. Aunque también es verdad que cada vez vemos a más jóvenes integradas a una madurez y autocuidado hermosos.

Quizás el mensaje para las que somos madres es acompañar la inocencia de nuestras hijas compartiendo nuestra sabiduría. No imponerles una enseñanza, sino vivir en congruencia. Ser pacientes. Observar y respetar su espacio y procesos de madurez. Confiar.

El triángulo y las esencias

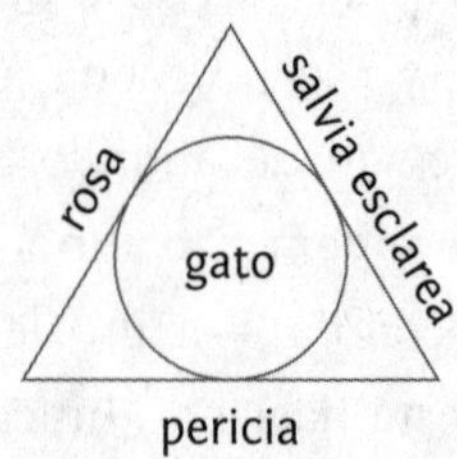

La Eva-Inocente se acompaña del color *rosa* muy pálido, por la sutileza que genera. La palabra que le marca el rumbo y lo que debe desarrollar es *pericia*: esa habilidad de observar y elegir con cuidado. El animal de poder para esta Eva es **el gato**, justamente por la independencia y astucia que lo caracterizan.

Las esencias para la Eva Inocente, según lo que quiera trabajar, son:

Espiritual:	salvia esclarea
Emocional:	rosa
Mental:	benjuí
Físico:	hierbabuena y gaulteria

INTERPRETACIÓN FORMAL

Adán y Eva (1528), de Lucas Cranach el Viejo (1472-1553)

Lucas Cranach es el pintor protestante por excelencia. Amigo cercano de Martín Lutero, fue el encargado de ilustrar la primera Biblia no católica. Su visión sobre las historias bíblicas se aleja de todo simbolismo que pudiera significar idolatría. Este cuadro pertenece a una serie completa del pintor sobre el Edén, Adán y Eva, donde la escena se repite una y otra vez. Los personajes son los mismos, pero se nos muestran con distintas edades: antes y después de la manzana, antes y después del despertar sexual, y con los cambios físicos y emocionales que esto provoca en el cuerpo y en la actitud. **Adán y Eva**, de Cranach, es una de las joyas que se pueden disfrutar en la colección permanente del Museo de San Carlos, en la Ciudad de México.

Simbolismos especiales

El lenguaje oculto de los pintores está en los detalles. En esta escena del Edén, Cranach coloca cada elemento en su lugar: el árbol, las manzanas brillantes y atrayentes, la serpiente que habla, Eva escuchando y Adán aceptando. Sin embargo, la cara con la que pinta a Eva es la de una adolescente, y su cuerpo apenas está en brote: los senos pequeños, la figura sin madurar del todo. No es aún una mujer adulta. Este gesto trae consigo un doble mensaje: Eva, la que pecó, era también inocente.

Con el final de la Edad Media, aunque las palabras bíblicas seguían siendo ley moral, ya era posible —aunque fuese en secreto— cuestionarlas y proponer una nueva visión sobre el texto. Esto es lo que hace Cranach. Su manera de decir "la culpa no solo es de Eva" fue pintándola como casi una niña. Para él, quien la hizo caer en desgracia fue la serpiente —Satanás, según la visión protestante—. Le quitó la responsabilidad a la mujer y aligeró su carga, poniendo énfasis en la fuerza del mal.

Según los diccionarios de símbolos en el arte, para los cristianos el ciervo oculto entre el árbol y Adán representa la mirada de Dios: una presencia que observa sin intervenir en las decisiones libres de sus hijos, aunque estas les causen daño. Durante el Renacimiento, el concepto de libre albedrío cobró nueva fuerza.

La Eva Sanando

> *Eva* (*ca.* 1884),
> de Auguste Rodin
> (1840-1917),
> Museo Soumaya,
> Ciudad de México.
> Referencia
> iconográfica:
> página V.

> Meditando con
> la Eva Sanando

Descripción

La Mujer-Eva Sanando es la que se va descubriendo a sí misma poco a poco. Simboliza el tránsito de un estado al otro, la liberación paulatina de un estigma o una pena. Anclada en sus bases, se levanta recordando todavía sus cicatrices, pero sintiendo el nacimiento de una nueva vida. Es la mujer que pasa de un largo invierno al inicio de una primavera.

Lo mismo si se trata de una enfermedad, la pérdida de un ser amado, un divorcio o un exilio, esta mujer ha cruzado el dolor, sabe de duelos: conoce la muerte de sus latidos y el impulso de querer vivir de nuevo. Valora lo mismo la caricia del sol que un té caliente. Los amigos han sido algodón en su cambio de vida, pero la metamorfosis es de ella.

Hoy quiere comenzar a viajar, lo planea; busca salir de su interno refugio que le permitió salvarse. Los planes se le arremolinan en las mañanas, la fuerza la invade, pero por la tarde, y aún más en las noches, se acurruca de nuevo en un sillón, la llama su cama, quiere un libro y un chocolate caliente que la contengan. Quizás es solo que necesita un poco más la medicina del oso, que en su cueva se prepara para salir. Ya dejó atrás las recetas para dormir, las cambió por un baño de agua caliente; los días que pasaba inmóvil son ahora caminatas en algún parque. No más pastillas, ni misas, ni rosarios para esta Eva: ella quiere vida y lo sabe, lo siente en su cuerpo, lo vive en su alma que se anticipa a la imagen de brillar de nuevo. Está sumando horas de sanación y, como todo buen piloto, cumplida la cuota que le dicte su intuición, recordará ese momento que le cambió la vida como el vórtice de su renacimiento.

La conciencia que le gana la batalla a la pérdida

Las pérdidas nunca han sido fáciles. Hay psicólogos que han dedicado su vida entera a definir las etapas del duelo, y aseguran, por ejemplo, que hay que pasar por todas para no quedarse atorado en un adiós: de la sorpresa a la ira, de la negación a la negociación, de la tristeza profunda a la aceptación. Las muertes traen consigo el cambio de vida, y adaptarse a él es la sobrevivencia innata en el ser humano.

El reflejo de esta imagen no es solo para quien ha perdido a un ser querido, sino para quien ha visto morir algo de sí misma. La Eva Sanando le pertenece a toda la humanidad, porque la vida es un constante dejar ir… y revivir. Morimos a nuestros sueños, a proyectos y carreras; dejamos atrás a parejas, amigos y hermanos. Los hijos se marchan, los padres envejecen, las etapas terminan. El dolor en un proceso así puede poseerte… o convertirse en el impulso del resurgimiento. Encontrar el equilibrio entre sentir con toda su fuerza, calar la pérdida con valentía —llorar, patalear, desahogarse— y al mismo tiempo no acomodarse en esa vibración de carencia quizá sea la clave.

La muerte nos fue impuesta como final: perdimos la capacidad de comprenderla como un tránsito a otra dimensión que no necesariamente está separada de nosotros. Las evidencias espirituales —y también científicas— de la comunicación entre planos son alentadoras, porque más allá de esa desaparición física de quien amamos, son los estados de alegría y de paz los que resultan provocadores de recuerdos y sensaciones de estar en compañía de ellos, aun cuando no los podamos ver. Recordar sí es revivir.

Lo mismo sucede con cualquier pérdida. Es importante poder retomar la vida poco a poco desde donde estemos y agradecer lo que tenemos: sentir el sol y la respiración del cuerpo; abrirse a nuevos grupos de amistades; experimentar formas nuevas que den aliento a la vida —caminar, nadar, hacer yoga o chi kung—; buscar clases de meditación que inviten al silencio; adoptar un perro al cual cuidar; levantarse cada mañana aunque la cobija parezca lápida; llamar a una amiga… En fin, provocar el cambio de vibración. Forzarse a salir del dolor sin dejar de respetarlo. Alimentar la alegría sin sentir culpa por continuar viviendo. Comprender que no se puede dejar la pérdida desde la pérdida misma, sino que es necesario atreverse a ser lo que realmente se es: naturaleza divina, capaz de superarlo todo desde la energía de la fuente, también llamada universo o Dios. Venimos a este plano a ser felices, a retomar nuestra creación desde el contraste. El dolor y la pérdida, al final, son eso: contraste. Habitamos este planeta para hacer de él un lugar mejor, y eso solo se puede lograr desde el agradecimiento, la apreciación y la alegría que trae consigo vivir así.

Ser herederos de un pueblo que rinde culto a la muerte y se ríe de ella comiéndosela en azúcar o chocolate, que hace ofrendas multicolores o calaveras literarias para muertos o vivos por igual, nos debería dejar la lección de que lo más presente en la vida… es precisamente la muerte.

EL TRIÁNGULO Y LAS ESENCIAS

El color de la Eva-Sanando es justamente lo contrario a la oscuridad: *el blanco*. Punto de partida y de renacimiento, representa su tránsito hacia una nueva luz. Su palabra es *acción*: implica la salida del estado de encierro emocional y el paso decidido hacia una vida renovada. Su animal de poder es *el venado*, tan apreciado en las culturas ancestrales de nuestros pueblos y también del sur de Estados Unidos.

Los *marakames* (jefes espirituales wixárikas) y los chamanes en general nos enseñan que el venado tiene una dualidad en su medicina: su cornamenta simboliza la unión de lo terreno con la divinidad, el cielo y la tierra; y, al mismo tiempo, representa la humildad, porque el venado besa la tierra para alimentarse y desciende su cornamenta para hacerlo.

Así, la mujer Eva-Sanando se siente humilde ante su pérdida, pero profundamente conectada desde su despertar.

Las esencias para la Eva Sanando, según lo que quiera trabajar, son:

Espiritual:	rosa
Emocional:	bergamota
Mental:	romero
Físico:	siempreviva

INTERPRETACIÓN FORMAL

Eva (ca. 1884), de Auguste Rodin (1840-1917)

La obra fue conceptualizada desde 1883 para flanquear las *Puertas del Infierno*, que le fueron encargadas a Rodin en 1880. Aun cuando Eva no está en el escrito original de Dante Alighieri, Rodin insistía en que no podía haber espacio de los pecadores sin recordar a los primeros, según la Biblia. La **Eva** de Rodin no se presentó para la puerta, sino que se convirtió en una de sus obras individuales más admiradas, ya que el maestro logró —primero en mármol y después en bronce— plasmar toda la sensualidad de Eva, combinada con la culpa que le ha cargado la humanidad.

La que aquí presentamos es de mármol, con dimensiones aproximadas de 74.8 × 24.4 × 28.4 cm. Rodin utilizó la técnica del **non finito** que inaugurara Buonarroti en el siglo XV y que tanto le gustaba, ya que da la sensación de que la piedra toma vida y por sí misma comienza a formar la figura. Los tamaños y versiones de estas Evas son muchos, ya que fue parte de la premisa de Rodin acercar su arte a mucha gente. Hecha la primera pieza, elaboraba moldes para poder multiplicarlas. También están hechas en materiales distintos —principalmente yeso, mármol y bronce—, aunque también las elaboró de barro cocido. La que aquí presentamos es de mármol y pertenece al magnífico acervo del Museo Soumaya de la Ciudad de México.

SIMBOLISMOS ESPECIALES

La *Eva* de Rodin evoca, en su movimiento y significado, el cruce de una época que pasó del Romanticismo —donde lo que importaba era sentir— a la Modernidad, para la cual lo relevante era expresar.

Cargada con un mensaje oculto por parte del maestro del mármol, esta pieza recuerda a la *Eva* de Masaccio —la doliente de la Capilla Brancacci—, pero también a la de Miguel Ángel, pintada al fresco en la bóveda de la Capilla Sixtina y tan admirada por Rodin.

La escultura posee un cuerpo ligeramente masculinizado, sobre todo cuando se le ve la espalda en comparación con otras imágenes femeninas del artista. Pero su singularidad está en que, mientras la rodeas para admirarla, esta Eva cambia de personalidad: por un lado se muestra sensiblemente abrumada y avergonzada, recordándonos el pecado; pero por el otro flanco es sutilmente erótica y sensual, desde la pose de sus piernas hasta el acomodo de sus brazos. Así es como Rodin le quita la culpa a Eva y le resta poder a la interpretación religiosa de un personaje acusado por la historia. Por eso es puente entre épocas y vanguardia de mensajes.

Otro detalle bello de esta Eva es su vientre naturalmente abultado. La modelo de Rodin, Anna Abruzzesi, quedó embarazada durante el tiempo en que posaba para la obra. El artista decidió no ocultarlo, lo que refuerza su pensamiento sostenido: "No solo lo bello es materia del arte, sino lo natural, que es en sí mismo bello. [...] Puedo ver de manera sincera que copié la naturaleza en busca de expresión".

La Eva Sensual

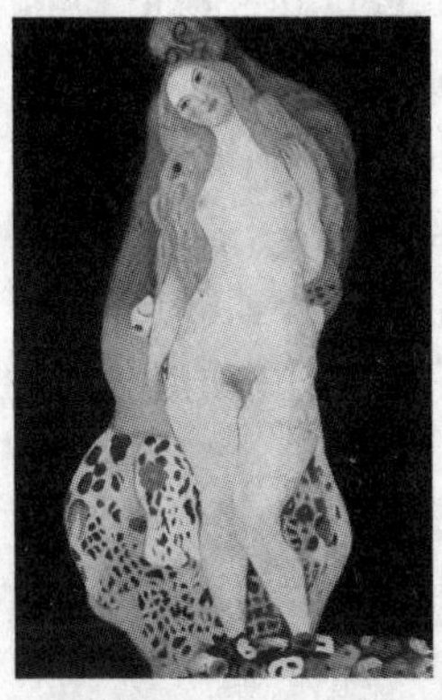

▸ *Adán y Eva* (1918), de Gustav Klimt (1862-1918), Galería Belvedere, Viena, Austria.
▸ Referencia iconográfica: página VI.

▸ Meditando con la Eva Sensual

Descripción

La Mujer-Eva Sensual ama su cuerpo, la luz de su interior y su brillo exterior. Dejó de juzgar sus formas hace tiempo, como también dejó de maltratarse: acepta la redondez de sus caderas, las usa; el tamaño de su busto es su feminidad; ama la ropa que la deja ver mujer. No le interesa tener un cuerpo marcado, sino moldeado. Con ella no van las pesas o el gimnasio; su ejercicio es de vida: al aire libre, caminando o bailando tango, flamenco, **belly dance** o danzón, lo que la haga volcar el corazón con ritmo y sudar armonía, mientras que la yoga le da vida. La pasión es el pulso de su vida, el oxígeno de su alma. No es agresiva, pero tampoco pasiva; es equilibrio endulzante y pasional para quien la acompaña. Le gusta sentirse amada, atrayente y valorada, así como levantar deseos. Sin embargo, ha aprendido a amarse y a gustarse así, sola. No necesita un compañero para sentirse completa, pues ya lo está: abre las puertas y ventanas de par en par, ama la libertad y la ofrece igual que la toma.

De sexualidad abierta, franca y directa, es una mujer fuerte pero suave al mismo tiempo; hembra que por sí misma vale y se vale caminando entre faldas, botas y escotes. Acepta y le gusta el cariño del hombre, su compañía, siempre y cuando este no intervenga demasiado ni la asfixie con reclamos o le exija cortar el vuelo. Es tan libre, volátil, creadora y seductora que sus alas no caben en ninguna jaula, sea de oro o de madera. Quien acompañe a una Eva Sensual debe saber ser aire y sustento, refugio y fuego; no tener el interés ni la necesidad de ser el centro, sino saberse capaz de volar a su lado, sin intervenir en su vuelo.

La sensualidad y su luz

Llegar al punto de amarse a sí misma tanto que se derrumben las inseguridades que tienen que ver con el cuerpo implica un camino interno largo y consistente. Vivimos en una sociedad que ha delimitado, desde la visión de una moda escuálida, los estándares de belleza, dejando poco espacio para las curvas femeninas. Se ha privilegiado una estética extremadamente delgada, invisibilizando muchas veces la belleza de otras corporalidades femeninas. Nos obligamos a "bajar de aquí" y a tener "muy poco allá", a medir lo que nos dicen que es bello sin recordar que no hay persona más atractiva que quien se adora tal como es. Para habitar la sensualidad hay que creerla, atreverse a ser mujer con las formas naturales que cada una tiene.

"La belleza es un don para atraer a la gente a la luz —me dijo un día un chamán mientras hablábamos de la vanidad, y continuó—: La mujer desde siempre se ha adornado y debe seguir haciéndolo".

Nuestro cuerpo es un regalo; la cara, la sonrisa, el cabello, todo nos fue dado para cuidarlo como si se tratara de un templo personal. La sensualidad no tiene que ver con unas cuantas elegidas: ser sensual y bella es algo inherente a cada una de nosotras.

Respetar tu belleza tal y como es, así como relacionarte con absoluta libertad con la pareja que has elegido, es un estándar de vida privilegiado. Esto es posible gracias a la evolución de la sociedad —y de la mujer con ella—, y a que las mujeres les hemos ganado terreno a los estereotipos, aprendiendo a escuchar nuestra voz interna, y a la valentía de ser como queremos.

Vivir cerca de una mujer así es inspirador; ser una mujer así debería traer consigo la esencia de compartir la propia magia con otras mujeres: hombro con hombro se camina mejor.

Perderle el miedo a ser sensual y sexual es romper también con estructuras personales incluidas en una forma de vida limitada por la mirada del otro, por la familia y las costumbres. Y también está bien no querer expresar la sensualidad, siempre que sea una elección libre. Si alguien no quiere serlo, está muy bien, siempre y cuando en el silencio consigo misma eso sea verdad; pero si su anhelo está presente y se lo niega a sí misma por el qué dirán o por miedo, lo que puede funcionar con sutileza es inspirarse en mujeres que han logrado amarse tal cual son y expresarlo con toda naturalidad.

El triángulo y las esencias

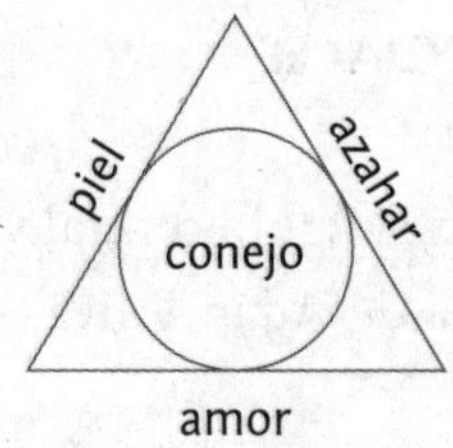

El color que acompaña a la Eva Sensual es el **café-canela** y **rosa-piel**. Su animal es **el conejo**, con su medicina de la suavidad. La palabra a desarrollar es **amor**, todo aquello que le permita abrir el corazón.

Las esencias que acompañan a una Eva Sensual, según lo que quiera trabajar, son:

Espiritual:	azahar
Emocional:	enebro
Mental:	albahaca
Físico:	ylang ylang

Interpretación formal

Adán y Eva (1918), de Gustav Klimt (1862-1918)

El amor de pareja vuelve a ser tema para Klimt en este cuadro que quedó inacabado en su estudio (1917-1918). Sin embargo, Adán y Eva apenas caben en el lienzo elegido por el autor. Pierden intimidad y aire, pintados de frente sin pudor; sus emociones y formas no comulgan, no se toman de la mano, no demuestran unión. Es Eva quien le interesa al austriaco, una más de sus *femmes fatales*, una primera madre de la humanidad perdonada desde la mirada del hombre vanguardista del siglo xx que fue Klimt. Hoy está expuesta en Viena, en la Galería Belvedere, junto con otras de sus piezas importantes, como *El beso*.

Simbolismos especiales

En este cuadro de Klimt la figura central y toda la luz pertenecen a la mujer. En la pareja de Adán y Eva, es más Eva que Adán.

Lo que claramente le importa al autor es la figura femenina: la Eva de curvas reales y grandes, la Eva sensual, dulce y directa; la muestra de frente e iluminada, sin serpiente, manzana, Edén ni pecado. Para Klimt, el sentido religioso no tiene importancia; solo es un pretexto para destacar la figura de la mujer.

Es ella quien guía los movimientos de él, con su seducción abierta y armónica. Por su parte, Adán, oscurecido, demacrado, con los ojos cerrados, parece más una sombra: él es el doliente; ella, la superviviente.

La Eva Serena

▸ *Eve and the Garden* (2013), de Christian Schloe, arte digital.
▸ Referencia iconográfica: página VII.

▸ Meditando con la Eva Serena

Descripción

La Mujer-Eva Serena es, en realidad, una guerrera silenciosa; su vida y su destino han estado marcados por la lucha y la búsqueda, aunque nadie lo creería. Con un pasado de aparente éxito, belleza y glamour, esta Eva vivió en la superficie, donde las sonrisas se acompañan de alcohol, las dietas son extremas y las semanas comienzan o se pausan solo por las fiestas. Mujer delante de los flashes que, más que alumbrar, deslumbran, ciegan y engañan… hasta que un día el vacío se volvió tal que el alto necesitó ser tajante: ni una copa más, ni una fiesta más, ni una pareja mediocre; nada que no la nutra, nada que no le aporte. De golpe abre los ojos, se detiene y se entrega al cambio. Es una mujer de movimientos, de abandonos, de decisiones radicales necesarias para salvar su vida.

La Mujer-Eva Serena lo ha vivido todo o casi todo, tanto que tuvo que dejarlo todo para comenzar de nuevo: quitarse las capas y las máscaras que la tuvieron "poseída", cambiar el *lipstick* por el rezo, el escote por la mirada, la vanidad por la honestidad. Yoga, meditación, ceremonias, grupos y terapias; hoy vive todo lo que frene el tren desembocado que lleva dentro. En el péndulo de la exageración, tendrá que vivir toda la luz, al igual que la acompañó la sombra, hasta el día en que logre el centro. Hoy se peina distinto, mira distinto; su sonrisa es tan discreta como honesta. Cree en el corazón y en las mujeres. Ese es uno de sus grandes reencuentros: las mujeres. En el mundo en que vivía, las amigas no existían. En paz consigo misma, hoy se relaciona distinto con ellas, con su género, con las hermanas que comprenden y no juzgan, que apoyan y acompañan. Ella se empata, es una más de la manada.

La Mujer-Eva Serena ya no vive tampoco solo para trabajar; no pierde el tiempo que necesita para vibrar donde desea hacerlo. En su camino están el servicio, la armonía y la entrega. Se levanta con el amanecer, agradece estar viva, por el milagro y el tránsito. De la mano lleva su pasado. Ya no se culpa. Se ríe de lo que fue, lo honra y lo recuerda lejano. Hizo las paces: la serpiente hoy es su amiga.

LA SERENIDAD COMO CAMINO

La serenidad es una conquista y debería ser nuestro estado natural de vibrar: caminar flotando, trabajar enfocados, dormir profundo, platicar tranquilo. Pero no es así. El ajetreo de nuestra sociedad trae consigo un movimiento muy distinto; sobre todo en las grandes ciudades, tal parece que necesitáramos un capelo de cristal para mantener un centro equilibrado en nuestra cotidianidad, una vida suave y sutil con independencia de las circunstancias. Ese es el logro de la mujer que vive este estadio: identificarse con esta Eva es saber que el movimiento de afuera puede no intervenir en el estado interno, pero esa es una decisión que requiere práctica y técnica.

Normalmente, la serenidad viene después de un tiempo de guerra, de fiesta desbocada, de vida sin tiempo, de trabajo sin fin, de familia sin núcleo… De ese todo que no es nada: el vacío busca una esencia que sepa distinto. El conocimiento se cruza con este anhelo de paz, con estas ganas de sentirse completa. Vivir en guerra es un extremo del péndulo que, por inercia, buscará el otro lado: la serenidad.

¿Qué supone este cambio? *1*) Decisión: un "ya no más" se coloca en el centro del pecho; *2*) búsqueda: encontrar el conocimiento que haga eco con la esencia de la persona —sabiduría ancestral oriental o de raíces prehispánicas, budismo, chamanismo, filosofía clásica, física cuántica, astrología, mística esotérica, alquimia, cristianismo, reiki, tarot…—; de todo buscará el alma de quien detiene una ruleta porque necesita encontrar otros caminos para explicarse la vida; *3*) compromiso: la promesa es con uno mismo y comienza con el autocuidado, un cambio de alimentación, amistades y actividades nuevas; *4*) disciplina: la repetición constante de un nuevo hábito que simplemente se siente bien, un refugio en la meditación o el rezo: el nuevo estado necesita ser preservado.

EL TRIÁNGULO Y LAS ESENCIAS

El color **azul cielo** da sustento y se identifica con la Eva Serenidad. Su animal es **el delfín**, por su sabiduría y juego. La palabra
que la invita a trabajar es **continuidad**, de tal manera que man-
tenga su estado y su camino.

Las esencias que acompañan a una Eva Serena, según lo que
quiera trabajar, son:

Espiritual:	elemí
Emocional:	incienso
Mental:	eucalipto
Físico:	milenrama

INTERPRETACIÓN FORMAL

Eve and the Garden (2013), de Christian Schloe

El arte ha adquirido nuevas dimensiones y los medios digitales
han ganado preponderancia en un mundo que se comunica en
línea. De Christian Schloe —pintor, ilustrador y artista digital
austriaco— se conoce poco, pero su obra se disfruta a través de
la web en todos los rincones del planeta.

Y así como en el siglo XIX las creaciones de Rodin y los im-
presionistas fueron criticadas por romper con lo establecido
mediante nuevas técnicas, de igual manera hoy el arte digital
es considerado menor por muchos al estar hecho a través de la
computadora. Sin embargo, las creaciones de Schloe son profundamente bellas, con técnica propia y original, con un estilo que
lo distingue de los demás.

Esta imagen está cargada de significado, como suelen estarlo
las obras de Christian Schloe, quien combina retratos hieráticos
que recuerdan a la Edad Media con la dulzura del barroco o el
rococó. Fue compartida en su tienda *Redbubble* y redes sociales

en enero de 2013, está elaborada digitalmente (algunas obras similares indican que usa Photoshop).

Lo curioso es que, con estas nuevas técnicas y posibilidades digitales, las obras de artistas como Schloe pueden llegar a manos de sus seguidores en todas las formas posibles: impresas en faldas, fundas para almohadas, colchas, bolsas y, por supuesto, en los tradicionales pósteres. Cosa que, por ejemplo, hubiera escandalizado a los "apocalípticos" de Umberto Eco, defensores de que el arte debía mantenerse en una élite, lejos de las masas.

SIMBOLISMOS ESPECIALES

Independientemente de que el artista Christian Schloe haya nombrado su obra *Eva y el Jardín* (si lo traducimos al español), los símbolos que acompañan a esta mujer —principalmente el jardín en primer plano y la serpiente en relación directa con ella— serían atributos suficientes para saber que se trata de la Eva bíblica. Si bien falta la manzana, el juego de colores que utiliza Schloe —pálidos en su mayoría— contrasta con los brillantes labios rojos de la mujer y hace que no extrañemos el fruto prohibido… porque lo encontramos en la boca de Eva. De mirada fija y penetrante, la sentimos fuerte y segura en su refugio de plantas y flores azules. Si bien sus ojos no lanzan un desafío, sí intimidan a quien pretenda invadirla o "juzgarla".

Schloe también hace otros juegos de contraste que envían mensajes. Por ejemplo, sabemos que Eva está desnuda —como debería estarlo—, pero el artista simula un elegante strapless con los arbustos: no la expone, no la muestra, y al mismo tiempo guarda distancia de nosotros. Su peinado armoniza con esa postura fina y erguida. No hay aparente dolor en esta Eva, no hay pecado, pero sí asoma cierto agravio en su mirada, como una pregunta silenciosa que nos susurra: "No importa lo que digan de mí".

Para Schloe, su Eva está lejos de ser culpable; es, desde su fuerza, una mujer serena. Y como último gesto simbólico, la serpiente es su amiga: no es grande ni invasiva, parece casi su mascota… pues es Eva quien la controla.

La Eva en Conciencia

▸ *The Golden Serpent* (2000), de Michael Parkes (1944), arte digital.
▸ Referencia iconográfica: página VIII.

▸ Meditando con la Eva en Conciencia

Descripción

Cuando la mujer ha atravesado su proceso de lucha, cuando las aguas se calman y la verdad aflora, cuando todo cobra sentido… la certeza del camino se apodera de su esencia. La Mujer-Eva en Conciencia ha encontrado los medios y los métodos para mantener su paz interior. No importa si las circunstancias cambian y con ellas ella misma se mueve de su centro: ya sabe cómo retornar. Esta mujer toma decisiones desde la madurez y el análisis, pero sobre todo desde su intuición; cuida esta habilidad como un tesoro, la mantiene limpia y pulcra con ejercicios espirituales y físicos, con oración y rituales, pero sobre todo con la congruencia cotidiana de vivir pegada a su ser interno, que está cargado de su sabiduría personal. Hace, piensa y dice en una misma línea. Está atenta a las señales, las obedece, sabe escuchar su corazón… y lo sigue, aunque su latido vaya en contra de los códigos lógicos y de la opinión de la mayoría.

Pertenece al mundo exterior, como todos, pero corre a su refugio interior, donde nadie entra. Trabaja, crea, produce, proyecta, concreta, multiplica y comparte. Su espiritualidad no está peleada con su prosperidad. Hay quien la mira y la admira… y también quien la ve y la envidia o la juzga: *egoísta, solitaria, loca, imprudente, presumida, insensata.* Pueden llamarla de mil maneras, pero su energía ecualizada buscará encontrarse con quien suma a su existencia… y alejarse de quien la señala y la opaca.

Esta Eva no se cansa de aprender. No necesita la formalidad de un instituto ni la guía de un maestro en especial; se alimenta de lo que la hace crecer —lo mismo un curso que un viaje o la plática de una amiga—. No ha llegado a la meta ni se siente iluminada: simplemente es feliz. Su proceso se ha convertido en el punto de partida… y también en el de llegada. Desde su conciencia activa, su honestidad es profunda; su compromiso, verdadero; y su aportación, valiente.

El oro de la conciencia

A lo largo de la vida se puede acumular conocimiento, utilizar la inteligencia y pensar que el tiempo hará el resto; sin embargo, esto no necesariamente es así: el conocimiento sin sentido solo es un cúmulo de información; el tiempo sin motivo son horas acumuladas, y la inteligencia sin el manejo de las emociones no siempre funciona a nuestro favor.

Una de las partes que más me gustan de reconocer de otra manera a Eva y su historia es la búsqueda de la sabiduría incluida en su decisión de comer el fruto prohibido; esto requirió decisión, determinación y acción. Como ya vimos, el árbol le aportó el conocimiento del bien y del mal, sus ojos fueron abiertos. Vivir así es vivir libre, con todas las consecuencias que eso implica. A veces una acción cambia completamente dependiendo desde dónde está hecha, para qué y, sobre todo, con qué objetivo, con qué intención. Los ojos abiertos de Eva simbolizan la mirada desde la conciencia, decidir qué se quiere vivir y asumir el resultado. La mujer que vive así es un ser valiente que se hace responsable de sus acciones y vive la vida, no deja que la vida la viva a ella; es sabia, no solo inteligente.

Yo no soy de la idea de que las cosas buenas vienen solamente a través del esfuerzo, creo que son la consecuencia de una intención clara y de una acción en línea con ella. Y no creo que el sufrimiento sea el que trae la bendición; es el que mueve las estructuras para ver la verdad y perseguir la bendición. Tanto la intención como la verdad son elementos de una vida en conciencia.

Así como el oro siempre ha sido apreciado, hoy en día atreverse a vivir con los ojos abiertos es igual de valioso y, más allá de eso, necesario. El *boom* del despertar de la conciencia, y su expansión promovida, se multiplica en libros y propuestas. Es el nuevo "fruto prohibido": tener en las manos el oro de vivir sabiendo qué se vive, por qué y para qué. No es de extrañar que hoy en día sean muchas las mujeres que lideran estos movimientos; sin menospreciar a los hombres despiertos que también lo hacen, pero es que fue una mujer, Eva, la primera en dar el paso para vivir en conciencia y con la máxima potencia: con valentía y de forma compartida, como muchas mujeres en todas las esquinas del planeta.

El triángulo y las esencias

El color que ilumina el camino de la Eva en Conciencia es **el dorado**, la luz del sendero. Su animal de poder es **la serpiente**, maestra de los caminos y símbolo de transformación: es capaz de cambiar de piel para seguir viviendo. La palabra de poder es **compartir**; pareciera que la conciencia trajera consigo la enseñanza de vivirla para hacerla posible en otras personas también.

Las esencias que acompañan a una Eva en Conciencia, según lo que quiera trabajar, son:

Espiritual:	sándalo
Emocional:	bergamota
Mental:	cedro
Físico:	menta

Interpretación formal

The Golden Serpent (2000), de Michael Parkes (1944)

Michael Parkes es un artista estadounidense que radica en España. Su arte redefine las historias contadas, bañándolas de una nueva perspectiva espiritual y mágica. Después de vivir en la India, adquirió conocimientos orientales que lo llevaron a desechar las visiones de Occidente. A través de su cuadro *La serpiente de oro* propone una dignidad distinta para Eva: su desnudez es transparencia de espíritu; comer del fruto equivale a la sabiduría innata, y la serpiente no engaña, sino que sugiere el conocimiento.

Realizada con la técnica ancestral de litografía en piedra, fue pintada junto con maestros artesanos en Italia, elegidos por Parkes, en el año 2000. De producción limitada, todas las piezas originales de este cuadro pertenecen a colecciones privadas en diferentes partes del mundo.

Simbolismos especiales

Las tonalidades terrosas y ocres de este cuadro resaltan dos polos: la tierra y el espíritu. No están presentes los verdes y multicolores clásicos del Paraíso; solo están Eva, la serpiente y el fruto. Todo tiene tonos dorados: el color que canaliza, intermediario entre lo humano y lo celestial. No hay Adán, ni ángeles, ni la presencia de Dios: la divinidad está hecha mujer.

La postura erguida y tranquila de Eva, su mirada certera hacia el fruto, nos transmiten introspección, conciencia y, sobre todo, decisión. Eva parece saber bien lo que va a hacer y cuánto vale el fruto que tomará. No solo lo sostiene: parece admirarlo, protegerlo. Sus manos apenas lo rozan, en contraste con sus ojos, en absoluta certeza. El fruto no parece una manzana; se asemeja más a un melocotón por su color y textura, por su redondez. Estos frutos, en la Antigüedad, simbolizaban la renovación y la inmortalidad.

Por su parte, la serpiente deja de ser sigilosa o engañosa; convive armónicamente con la mujer. Su cola se enreda entre sus piernas con suavidad. Su presencia es fuerte, robusta y ascendente; nos remite a la Kundalini, que en las culturas orientales significa conocimiento, iluminación si se logra despertar en el cuerpo, y representa el camino del desarrollo.

LILITH DE TIERRA, MUJER ANCESTRO

▸ *La Reina de la Noche o Altorrelieve de Burney,* Sumeria, *ca.* 1800-1700 a.C., Museo Británico, Londres, Inglaterra.

▸ Referencia iconográfica: página IX.

▸ Meditando con la Lilith de Tierra

DESCRIPCIÓN

La Mujer-Lilith de Tierra son todas nuestras ancestras. Son las abuelas con sus consejos, las imágenes en blanco y negro —y en sepia— de mujeres de cutis bello y cuerpo honesto. Son las que levantaron un linaje. Las primeras en romper cadenas que incluso no sabemos que existieron.

Esta mujer de barro, aire y canto está dentro de cada una de nosotras: disciplinada y poderosa, lista para ser consultada. Es la que nos susurra una intuición limpia que nos hace cambiar de rumbo, provoca el latido que nos aleja de quien podría lastimarnos.

La habitamos en el consejo transparente y fuerte de una amiga, en el instinto de la madre protegiendo a la manada, y en la mujer que defiende la puerta de su hombre. La sentimos en la conexión con la noche y la luna, con el mar en tormenta, con el fuego, con el viento y con el desierto.

Esta Mujer-Lilith de Tierra late en todas las mujeres ritualistas y simbólicas, esas que se niegan a ser conquista de nadie y guardan en su interior su trono de reinas. Son las que deciden ser compañeras de quien honra su rezo y su cuerpo, y conocen el camino al amor incondicional en el instante sagrado de reintegrarse a sí mismas.

Mujeres-medicina: amor y entrega

Vivimos conectados con el mundo, pero a veces desconectadas de nosotras mismas. La modernidad nos avasalla con conexiones virtuales. Parecemos estar conectados sin importar las distancias porque la tecnología nos lo permite; sin embargo, la línea directa de unión con los mensajes de nuestro interior y nuestro vínculo profundo con el otro se interfieren por tanto mundo externo y menos íntimo. Ser una Mujer-Lilith de Tierra requiere mantener el contacto consigo misma, cuidar el linaje recibido, limpiar lo que se necesita y heredar lo que se merece. La Mujer-Lilith de Tierra es un camino, no una meta —y no es para cualquiera—; es un llamado y una respuesta. Estas mujeres son almas dedicadas a mantener y hacer evolucionar a la humanidad. Su trabajo es su ritual, y su vida, su ceremonia. El amor de la Mujer-Lilith de Tierra se siente en su sonrisa, en el poder de su mirada y en la palabra bien utilizada. No todas lo somos, pero todas las necesitamos: sus consejos son la posibilidad de vivir plenamente y marcan el rumbo de quienes saben escucharlas. Su familia es la de sangre y la elegida por ella, con quienes sana... y se sana.

Reconoce su responsabilidad, pero se sabe, sobre todo, humana. Estar cerca de una mujer así es un privilegio. Todas, sin importar nuestra religión, origen o creencias, deberíamos buscar una "abuela-madre" como ella. Quizá la tenemos enfrente y no la hemos visto; es cuestión de verdaderamente observar, comenzando por reconocer que hay una versión de esta mujer dentro de nosotras mismas: es nuestra intuición y nuestra conexión con nuestro propio linaje, es la suma de lo que heredamos y lo que nos construimos.

Podemos decidir negarnos a seguir el camino de la Mujer-Lilith de Tierra, pero lo que no deberíamos negar nunca es nuestra propia sabiduría, que sin lugar a dudas nos llevará a encontrarnos con otras mujeres que sí lo sean… y nos acompañen y guíen en nuestro trayecto.

El triángulo y las esencias

Esta mujer pinta su camino color *terracota*. La acompañan la sabiduría de **la lechuza**, que puede mirar en la oscuridad, y **del búho**, que sabe por viejo y por sabio. Su palabra de poder es **compañía**. Aunque rodeada de muchos, su trabajo interior la lleva a vivir en solitario, por lo que desarrollar la compañía íntima es vital para ella. La esencia que acompaña a esta primera Lilith es **el jengibre**.

Interpretación formal

La Reina de la Noche o Altorrelieve de Burney, Sumeria, *ca.* 1800-1700 a.C.

La Reina de la Noche —o *Altorrelieve de Burney*— proviene del sur de Irak, lo que fuera antes Mesopotamia. Esta pieza de terracota fue llevada a Londres por coleccionistas privados en 1924. En 2003 fue adquirida por el Museo Británico, donde se encuentra hasta la fecha. Mide poco menos de 50 centímetros de alto por 37 de ancho.

Cada vez llama más la atención y se sigue estudiando, no solo por su belleza y perfecto estado de conservación a pesar de los siglos, sino por lo simbólico de su iconografía. En ella convergen figuras de múltiples diosas de la Antigüedad: *Inanna, Ishtar, Astarté, Anahita, Ereshkigal* y, por supuesto, *Lilith*. Todas están presentes en este relieve por sus similitudes y complejidad como deidades de los vientos, la noche y la luna oscura, de lo sensual y lo sexual, del mundo y del inframundo, de la fertilidad y la tierra. Son presencias que abrazan tanto lo bueno como lo temido: cuna y sepulcro, diosas del amor y de la guerra.

Simbolismos especiales

Ataviada con el tocado de una diosa, su belleza mayor es la desnudez. De frente, sobresalen sus pechos abundantes, símbolo de sensualidad y fertilidad a la vez: lo atrayente de la joven y lo trascendente de la mujer. Está resguardada por lechuzas y se sostiene con firmeza sobre sus piernas convertidas en garras, posadas sobre dos leones sometidos. La noche parece acompañarla cómodamente mientras ejerce su poder sobre lo masculino. Sus manos sujetan unas cuerdas, símbolo de·la justicia. Sus alas recogidas la muestran sentada en un trono terrenal, pero de procedencia celestial. *¿Es mujer, diosa o demonio?*

Atrae desde la dirección de su mirada, lo frontal de su postura y lo claro de su poderío. Las historias que le dieron origen y los mitos que la siguieron la convierten en símbolo de las diosas madre y de la muerte en toda la Antigüedad.

LILITH LA BLANCA, LIBERTAD MADURA

▸ *Lady Lilith* (1866-1868), de Dante Gabriel Rossetti (1828-1882), Museo de Arte de Delaware, Estados Unidos.
▸ Referencia iconográfica: página X.

▸ Meditando con la Lilith Blanca

DESCRIPCIÓN

La Mujer-Lilith la Blanca está lejos del rechazo y del ataque de la gente, lejos también de la prisión en que alguna vez vivió. Hoy habita un estado interno de libertad. Las huellas y las marcas del tiempo en el que no pudo serlo siguen presentes; son un recuerdo que no se olvida. Tampoco olvida su pasado ni su origen, pero los mira como quien observa un cuadro a la distancia: ya no duelen.

Segura de sí misma, conoce su belleza —y el precio de tenerla—, pero valora más su interior, su lucha, su tránsito, su experiencia. No es una mujer particularmente alegre. La batalla la volvió más observadora... más seria. De cierta manera, desconfiada, solitaria, espera a quien llega a buscarla. No sale a la caza de nada ni de nadie. Sabe que, estando quieta, todo se resuelve. Es una mujer que lo ha tenido todo, y lo único que atesora es su libertad.

La Mujer-Lilith la Blanca simboliza el estado de descanso de las guerreras, las que son sabias por sus luchas y no olvidan sus heridas de batalla. Las que, aun en la tregua, están sutilmente alerta, y saben que un descuido, un paso en falso o una palabra de más pueden derrumbar su paz… y traer otra guerra. Su peor enemiga ha sido la traición, empezando por la de ella misma. Por eso es silente, y trata de mantenerse lejos de la mirada social —aunque a veces no pueda evitarlo—. La discreción es parte de su elegancia y de su decisión de vivir siempre libre.

El dolor previo a la verdadera libertad

Hay soledades necesarias y triunfos que no se celebran. En la Antigüedad, después de una batalla frontal y sangrienta, el botín se ponía a disposición de los vencedores. Alrededor del fuego, entre vino y comida, los tesoros de los conquistados se repartían. El alcohol era necesario, y el exceso también. Es sabido que los jefes de muchos de estos ejércitos difícilmente sonreían: no se les veía borrachos perdidos, sino con la mirada puesta en el fuego o resguardados en su tienda de campaña. No los acompañaba el gozo. ¿Cómo sentirlo, si ganar costaba tanta sangre y muerte? Si al regresar los esperaban huérfanos y viudas… Si su trabajo tenía un precio tan alto. Así es el corazón de una Mujer-Lilith la Blanca: ha ganado sus batallas, pero su alma cambió en ellas. No es que sea infeliz, sino que el gozo aún no encuentra su lugar en ella. Su espacio de soledad es necesario para volver a respirar.

Los procesos de sanación llevan su tiempo. Las cuarentenas son necesarias. Las reconstrucciones también. Es mejor estar donde se vive sin guerra, pero la libertad se respira poco a poco y solo se siente verdadera cuando se habita con paz durante un largo periodo. La estabilidad es el primer paso para la generación de una nueva vida. La metáfora sería la de un bebé en el vientre: se requieren nueve meses de gestación, y aun después de nacer, el resguardo en los brazos de su madre es tan vital como el tiempo que vivió en el útero. No corre, no salta ni se ríe; solo vive, da amor con su existencia y requiere amor para sobrevivir. En la madurez pasa lo mismo, y en el triunfo de la batalla también. Bella es la mujer que camina este tránsito y que honra con respeto este puente: en ese momento... vuelve a ser brillante.

EL TRIÁNGULO Y LAS ESENCIAS

A Lilith la Blanca la acompaña el color de **las buganvilias**, suave y fuerte al mismo tiempo. La palabra que la eleva es **confianza**. Su animal de poder es **la paloma**, símbolo universal de paz y medicina del alma tranquila. La esencia que la acompaña es **el nardo**.

INTERPRETACIÓN FORMAL

Lady Lilith (1866-1868), de Dante Gabriel Rossetti (1828-1882)

Dante Gabriel Rossetti es el primero en darle otro contexto y significado a la historia de Lilith. Al llamarla *Lady,* no solo la aparta de la imagen de mujer común —mucho menos de diablesa—, sino que la eleva a un rango noble. Rossetti presentó esta obra junto con otra pintura llamada *Sibylla Palmifera*, y las acompañó con un soneto para cada una. El de Lilith, titulado "Body's Beauty", habla sobre la belleza física; el de Sibylla, "Soul's Beauty", sobre la belleza del alma. Ambas fueron concebidas para mostrarse juntas, como si Rossetti percibiera que la mujer completa es la que une cuerpo y espíritu.

Existe otra versión de Lady Lilith con otra modelo, Alexa Wilding, realizada entre 1872 y 1873, que se encuentra en el Museo Metropolitano de Arte de Nueva York. También hay un estudio preliminar en rojo en el Museo de Artes de Tel Aviv. La obra aquí reproducida está en el Delaware Art Museum, en Estados Unidos.

SIMBOLISMOS ESPECIALES

Su ropa es ligera, a punto de caer o fácil de quitar, lo que le da un toque de sensualidad sutil. Su cabello, abundante y rojo —característico de Lilith—, se muestra libre pero no silvestre: ella lo peina, lo que implica autocuidado. Si bien se mira en el espejo, no lo hace con un gesto narcisista, sino con distancia y seriedad, casi en introspección. Este detalle marca toda la expresión de su rostro observante.

El listón rojo cortado significa libertad. Este símbolo —presente en muñecas o tobillos— solía usarse en personas que habían sido presas, esclavas o, en el caso de mujeres, obligadas a prostituirse y luego liberadas de su oficio. El candelabro de dos velas bajo la ventana podría aludir a la mística hebrea, ya que son dos las velas que se encienden durante el *shabat*.

Por la ventana se vislumbra un espacio irreal que podría re-crear la naturaleza del Edén, del cual Lilith escapó. Rodeada de flores, perfumes y un cofre del tesoro, se la ve aislada y a salvo. La obra de Rossetti busca resaltar la belleza física de Lilith presente en todas las mujeres, sin que esto sea pecado, sino un rasgo de nobleza.

Lilith la Verde, inocencia peligrosa

▶ *Lilith* (1892), de John Collier (1850-1934), Galería de Arte Atkinson, Southport, Inglaterra.
▶ Referencia iconográfica: página XI.

▶ Meditando con la Lilith Verde

Descripción

La Mujer-Lilith la Verde disfruta de su intimidad y del juego silencioso con aquello que está "prohibido" o es "pecado" para los demás. Se siente cómoda sola, aunque tenga compañía. Está en su mundo, asumiendo riesgos en su interior. No confronta ni impone su opinión; simplemente está consigo misma y con la naturaleza de su ser. Es ingenua e inocente en sus posturas osadas. No es frágil, ya posee la fuerza que requiere para enfrentar lo que venga, aunque no lo sepa. Pero se está metiendo en aguas turbulentas, pisa arenas movedizas invisibles ante su caminar descuidado. No hace caso de los consejos, los confunde con juicios. Ella quiere experimentar todo sola, decide por sí misma y defiende su postura, pero sin medir las reacciones que esto puede provocar.

No sabe todavía las consecuencias de su libertad ni de su poder interno, porque los habita desde una inocencia peligrosa. Vivirlos requiere sostenerlos, y para hacerlo, el autocuidado es necesario. Se dará cuenta de ello y aceptará, con el tiempo, que fue "demasiado ingenua e idealista". Pero una vez atravesados los umbrales de la separación y la segregación que le traerán sus decisiones, seguirá adelante con madurez, experiencia y aceptación. No se arrepentirá nunca —*menos públicamente*—, pero sí observará en silencio su recuerdo, con nostalgia, por aquellos días donde todo era más fácil.

UNA AVENTURA NECESARIA

Hay corazones que nacen rebeldes y aventureros, que meten la mano al fuego aunque han escuchado mil veces: "Te vas a quemar". No pueden, no saben experimentar en cabeza ajena; en su interior no creen que algo malo les pueda pasar. Así, la suma de sus vivencias absolutamente personales será el proceso para tomar decisiones más equilibradas y sanas.

La Mujer-Lilith la Verde simboliza la etapa previa de las mujeres sabias. Es la mujer silvestre: en ella está el poder, pero no el conocimiento; le faltan tránsito y proceso. Está bien en su sitio, desde la idea de que "todo es perfecto" y "cada cosa se ordenará en su momento". Pero en sus riesgos y abismos puede provocarse mucho dolor y peligro. El juego de no escuchar a nadie puede caer en la soberbia de tampoco escuchar la voz de la intuición, que le está alertando: "¡Cuidado!". Su adicción a vivir su vida al tope es *adrenalínica*, y no podrá frenarla hasta que la vida misma —y sus decisiones límite— la detengan. Cuando esto ocurra, la Mujer-Lilith la Verde se transformará en una gran maestra, porque nunca perderá el recuerdo de lo que se siente experimentar en sangre propia todo el placer, todo el vacío, todo el riesgo y toda la salvación. Fue libre y descuidada. Después fue libre con

madurez. Será, por tanto, una mujer paciente con otras peque-
ñas Liliths silvestres e inexpertas. Sonriente, las dejará golpearse
contra la pared, pero estará pendiente de que el riesgo no sea
demasiado. Su consejo se vuelve bueno por honesto y personal.

La esencia de la Mujer-Lilith la Verde nos ha habitado a todas en algún momento: al irnos de pinta de la escuela, al besar
al niño prohibido, al saltar de un balcón para seguir la fiesta. Es
la raíz de la infidelidad, y del uso de sustancias con exceso. Es
un tránsito que a veces ocurre simplemente por la edad o las circunstancias: actos sin malicia, pero con poca pericia o inteligencia. Vivirlos —al igual que ser una Mujer-Lilith la Verde— trae,
sin lugar a dudas, sus consecuencias. Del tamaño de estas será el
alto y el giro hacia la sensatez… sin perder el corazón aventurero.

El triángulo y las esencias

El color que da esencia y protección a una Lilith inocente es *el
anaranjado*. La palabra a desarrollar es *astucia*, y su animal de
poder es *la pantera*, con la medicina de la protección desde su
mirada siempre alerta.
La esencia que la acompaña es *la manzanilla*, suavidad que calma y protege cuando aún no se distingue bien el peligro.

Interpretación formal

Lilith (1892), de John Collier (1850-1934)

Lilith fue pintada dos veces por John Collier, una en 1887 y otra en 1892. Ambas obras se acompañan de una representación de Eva, a manera de díptico, y se encuentran hoy en la Southport Atkinson Art Gallery, en Inglaterra. Esta es una de las imágenes más famosas pintadas sobre Lilith. A veces se le confunde con Eva por la presencia de la serpiente y la desnudez en medio de la naturaleza. Sin embargo, no hay manzana, y su postura es muy distinta de la que podría distinguir a Eva: Lilith se muestra sensual e íntima con la serpiente. El autor mismo la nombró así: *Lilith*. Esta imagen fue retomada como bandera por las primeras feministas del siglo xx.

Simbolismos especiales

Cómoda con su cuerpo y con su desnudez, Lilith se entrelaza con lo que supuestamente está prohibido: la serpiente. Este es un doble juego por parte del pintor, pues cuando Lilith fue creada, la serpiente aún no había entrado en el juego del Edén. Pero la connotación que tenía ya en el siglo xix —época para la cual pintaba Collier— era negativa: la serpiente representaba el pecado, y según el Génesis, "eternamente estará enemistada con la mujer" (Gn 3:15). Esta imagen lo contradice. Lilith juega con la serpiente, y ella la rodea sin peligro.

Era común que los pintores románticos retomaran historias bíblicas para darles un sentido humano y dejar ver, entre líneas, una postura contraria a la Iglesia o a la creencia común. Collier no es la excepción. El paisaje que la rodea es la naturaleza, oscurecida, como era habitual en el romanticismo. La luz recae sobre Lilith, resaltándola como objeto principal. Pretende estar dentro del Edén, antes de enfrentar a Adán, antes de reclamar su igualdad o ser llamada demonio. Es la inocencia de la primera mujer del Paraíso.

Sensual y atractiva, inocente y descuidada, Lilith no se sabe observada; parece que el pintor nos hubiera escondido para verla. La espiamos en un momento íntimo, despreocupada. Su belleza es, por tanto, lejana, y despierta al voyerista que todos llevamos dentro. Su seducción no es provocada, sino una cualidad natural de su ser.

Esta versión de Lilith está lejos de dar miedo, repulsión o rechazo. Esa es la nueva mirada del pintor para esta historia. Sin embargo, queda pendiente lo que sucederá con ella… si continúa en esa actitud ingenua y jugando con los peligros.

Lilith la Gris, mujer en tormenta

Evening Mood (1882), de Adolphe Bouguereau (1825-1905), Museo Nacional de Bellas Artes de La Habana, Cuba.

Referencia iconográfica: página XII.

Meditando con la Lilith Gris

Descripción

La Mujer-Lilith la Gris está en plena batalla. Su cuerpo y su corazón —fuertes, jóvenes y bellos— son muy importantes para ella: son escudo, armadura y lanza, todo fundamental en su lucha. Se encuentra sola por primera vez, probando su capacidad, transitando su propia sombra, enterrando sus muertos y pisando sus demonios. Por momentos se esconde, se pregunta, incluso duda. Pero no retrocede. Otra vez la energía de su cuerpo, la fuerza de su corazón y el poder de sus decisiones son su batuta: sigue adelante en su camino, aunque lo viva oscurecido. Está expuesta, franca, y a veces injustamente, a la crítica. Desnuda frente a las opiniones. Lo sabe. Parece no hacerles caso, pero todavía no puede ignorarlas por completo: le duelen.

Con esta Lilith se identifican las mujeres que están rompiendo patrones por primera vez. No las que han sido rebeldes desde niñas, sino aquellas que, frente a sus circunstancias, han tenido que cambiar de piel y moverse. Las que han tenido que dejar atrás —inclusive, abandonar— proyectos, familia, parejas y estructuras establecidas que nunca pensaron enfrentar. Esta Lilith ha movido sus entrañas para generarse un cambio. Y aunque sea difícil, aprieta las quijadas, se limpia las lágrimas, toma aire… y sigue. No hay vuelta atrás. Sabe que estará bien. Y que estará mejor.

Dejar de vivir desde la herida

"Esto no estaba en el guion" es una de las expresiones que más me gustan. Define bien esas vueltas de tuerca que trae consigo la vida: un trabajo que desaparece de un día a otro, el engaño sostenido pero nunca visto en una pareja, la muerte de un amigo, la separación de un hijo… Muchas son las circunstancias que nos hacen sacar el coraje más interno para sobrevivir. A veces, de la nada, nos asaltan… y solo queda transitar —como se pueda— el momento, sobre todo hasta que se instala la conciencia de qué es lo que se está viviendo… y para qué. El tiempo es el aliado en un proceso así, porque en el momento lo que se siente es descontrol, dolor, incertidumbre, vulnerabilidad. Es un tsunami que arrasa con todo lo conocido, y la Mujer-Lilith la Gris se queda de pie en medio del oleaje, sobreviviendo.

Sin embargo, hay otras tormentas que no tienen que ver con algo que "nos sucede", sino con la conciencia de provocar una circunstancia para poder dejar algo atrás. Son momentos que traen consigo un proceso de decisión y toma de acción. Son altos y límites ocasionados por nosotras mismas, no como drama, sino como parte de la ruptura necesaria para un cambio verdadero. *La valentía nunca ha sido hermana de la parálisis. La valentía es acción*, pero es mentira que sea fácil.

La Mujer-Lilith la Gris adquiere la fuerza de la necesidad, y tiene la mirada puesta en que la situación mejorará. Sabe que el cambio es inminente, que la ruptura es indispensable, y que la herida es un recordatorio de lo que ya no se quiere vivir. El movimiento más importante que experimentan estas mujeres tiene lugar dentro de ellas mismas. Detienen el sistema de creencias que las sostenía falsamente. Persiguen la transformación. Viven la dualidad de las emociones: dolor y esperanza, tristeza y gozo, cansancio y fuerza. Cada pequeño paso hacia el nuevo horizonte les refuerza su enorme potencial y les revela de qué son capaces, lo que pueden hacer… y lograr.

Es un tiempo de intimidad, no de soledad. Es importante tener aliados en esta batalla: amigas que confortan, pasiones que levantan, lecturas que encaminan, meditaciones que tranquilizan, y el poder de la oración, aunque ya no crean que vendrá alguien más a salvarlas. Saben que fueron creadas con toda la capacidad, la fuerza, el talento y el amor propio para salir de donde están y llegar hasta donde anhelan.

EL TRIÁNGULO Y LAS ESENCIAS

Su color es **el lila**, que la envuelve suave en protección. La palabra a desarrollar que la sostendrá para llevarla a otro lugar es **certeza**. Su animal de poder es **la mantarraya**, porque aun en medio de una tormenta parece que vuela suave dentro del mar, y su medicina es la fuerza sutil que hay en el fluir, pese a cualquier circunstancia.

La esencia que da contención a una Mujer-Lilith en tormenta es *el cardamomo*.

INTERPRETACIÓN FORMAL

Evening Mood (1882), de Adolphe Bouguereau (1825-1905)

Evening Mood fue pintada por Adolphe Bouguereau en 1882. Una de sus versiones se encuentra en el Museo de Bellas Artes de La Habana, en Cuba. Esta obra fue realizada varias veces, con sutiles diferencias físicas al cambiar de modelo. Bouguereau —pintor francés representante del realismo burgués— parece inspirarse en la historia de Lilith para representar su estado al atardecer, como lo sugiere el título. La simbología de la media luna, los cadáveres pisados junto al mar, la belleza y la desnudez de la figura central...

Esta pintura pertenece a una trilogía donde el estado de ánimo de la mujer —y del universo que la rodea— se muestra inocente y juguetón con la luz del día, seductor y firme al atardecer, y asustado y perseguido al anochecer.

SIMBOLISMOS ESPECIALES

Bouguereau es muy evidente en los atributos que distinguen a esta mujer como Lilith, posiblemente porque el cuadro no lleva su nombre. Son esas características simbólicas las que permiten reconocerla: la media luna, su compañera; el mar —hacia donde huye tras salir del Edén— y donde, según las leyendas, habitan los demonios y la muerte, los cuales aparecen a sus pies. Se remarca el halo de oscuridad que rodea su belleza, representado en la tela de su manto verde oscuro y negro.

La soledad del personaje y la contorsión de su cuerpo, elementos frecuentes en las Liliths del romanticismo del siglo XIX, subrayan su sensualidad franca y abierta, otro de los atributos esenciales de Lilith. En esta versión, el cabello no es pelirrojo brillante, sino casi negro o de un rojo muy oscuro. En otras versiones del mismo cuadro, Bouguereau descubre más su rostro y el cabello de tono pelirrojo es un poco más claro.

Lilith la Roja, la otra cara de la inocencia

▸ *La pestaña del lobo* (2006), de Lucy Campbell, arte digital.

▸ Referencia iconográfica: página XIII.

▸ Meditando con la Lilith Roja

Descripción

La Mujer-Lilith la Roja es la más libre de todas. Su cabello está revuelto, rebelde; no sabe de ataduras ni adornos de moños artificiales. Se convirtió en una mujer que no sacrifica la comodidad por la apariencia, y la frescura es parte de su belleza. Camina ligera de paso, de peso y de ropa; sus accesorios son sus pecas y lunares, el brillo de sus ojos, la naturalidad de su piel. Es tan femenina como masculina; es una niña de mar y un niño de montaña al mismo tiempo. Tiene el corazón tan grande y el amor instalado en la piel que da compañía y comprensión a los que nadie quiere: es amiga de los parias, confidente de los alcohólicos, cómplice de los solitarios. Con frecuencia ocupa todo su tiempo en un asilo, platicando con los viejos, leyendo para los niños o simplemente escuchando al otro. Ayuda al que se le presenta enfrente de manera natural, y jamás siente la pérdida del tiempo ni del dinero. La caridad es parte de su oxígeno, y no lo hace por ninguna creencia religiosa. De hecho, no se siente atraída por las religiones ni sus instituciones. Su vínculo con Dios es directo, y sus rituales, personales.

LA NATURALIDAD DE VIVIR EL AMOR COMO DERECHO

Ser silvestre no es lo mismo que ser salvaje. Hay mujeres que corrieron con la fortuna de no ser domesticadas, que pueden ser auténticas desde una naturalidad nunca perdida. No son recuperadas de tránsitos dolorosos, sino caminantes de senderos más fáciles, más iluminados. Esta Lilith me recuerda a las niñas y jóvenes que ya nacieron de madres que abrieron el camino: son bisnietas del patriarcado, no sus hijas ni sus nietas. La libertad y la naturalidad de elegir les resultan normales. Las reconocen como un derecho innato.

De la Biblia —en sus metáforas que tanto admiro— hay una del Antiguo Testamento que siempre me ha llamado la atención. Cuenta que, una vez salido el pueblo de Israel de la esclavitud en Egipto, vagó por el desierto durante 40 años en busca de la tierra de leche y miel. La generación que había salido de Egipto murió en el camino; los que finalmente entraron a la Tierra Prometida fueron los hijos del desierto, los nacidos en libertad (cf. Números 14:29-30). Ni uno solo de los esclavos entró a Canaán. ¿Por qué? Me parecería sumamente injusto, pero en realidad, nadie que se sienta merecedor de la esclavitud puede vivir la libertad. Nuevo tenía que ser el pensamiento del pueblo. Nuevo, su corazón. Esa es, para mí, la enseñanza de este pasaje: *si no morimos a lo que no nos sirve, no hay manera de ser otra cosa.*

Como lo cantan Mati Covarrubias y Alonso del Río en sus canciones-medicina: "En toda muerte hay un nacer. / Y en toda pérdida, una ganancia".

Las mujeres que hemos vivido sumisión, abuso o carencia como premisas de existencia, hemos necesitado de nuestro ser más salvaje para recuperar nuestro sitio natural. Pero las generaciones que nos siguen pueden vivir su identidad de manera más silvestre, adueñarse de la sabiduría que ya las habita. Con menos violencia, su amor es más fluido; el miedo al castigo no las tatúa; sus decisiones son más certeras, y solo deben cuidarse de los engaños mundanos á los que también están expuestas.

Un día, mi hija Ximena me mandó un mensaje. Fue lo primero que leí en la mañana.

Decía: "Lo mejor que puede hacer una madre por su hija es sanar sus propias heridas… Gracias, ma". Entendí que, en lugar de una adolescente, tenía por hija a una abuela sabia. Y que yo… iba por buen camino.

INTERPRETACIÓN FORMAL

La pestaña del lobo (2006), de Lucy Campbell

Hace tiempo que las mujeres somos inspiración una de otra. Clarissa Pinkola Estés fue una de las primeras que, con bases académicas, puso en palabras el viaje y el tránsito de muchas, en su libro *Mujeres que corren con los lobos*. Este cuadro de Lucy Campbell, pintora escocesa, se basa en uno de los relatos de Pinkola Estés: *La pestaña del lobo*. Justamente nos narra el otro lado de la historia sobre un lobo agresivo y una niña ingenua: una niña silvestre y un lobo amigo, pero nadie más que ella lo ve. El lobo le hace un regalo a la niña: le obsequia una pestaña, y le dice que con ella siempre podrá ver la verdad de la gente, y que se la merece porque solo ella miró en él más de lo que los demás podían ver. La pintura está hecha en acrílico sobre lienzo.

Simbolismos especiales

La luna está presente con tanta luz que ilumina por completo la noche y el encuentro de estos personajes. Lilith siempre se siente cómoda en las sombras; donde todos temen, ella habita.

La imagen rompe el paradigma de la niña y el lobo, del bien y el mal, del dominado y el dominante: ella es la criatura salvaje. Su cabello largo, suelto, encendido, denota libertad. Al parecer, solo la cubre el manto de su melena roja. Este es el color favorito de los artistas para pintar la rebeldía en la mujer. En cada una de las menciones a Lilith, su cabello rojo sale a relucir. Fue tan fulminante el estereotipo relacionado con este color y con el mal, que durante la peor época de la Inquisición bastaba ser pelirroja para ser acusada de bruja.

Lilith domina a las criaturas de la noche —los lobos, las lechuzas, los chacales—. En esta interpretación de Lucy Campbell lo hace con la mirada, con la caricia, con la dulzura de una niña. Frente a su amorosa seguridad, el lobo desactiva sus alertas; sus orejas hacia atrás indican mansedumbre. La mira. Parece que hablan.

Pero la comodidad no está sembrada en el cuadro; da la sensación de que es la primera vez que logran tal cercanía. Hay una sutil tensión en ambos, pero podemos adivinar el resultado.

Este cuadro es una alegoría de la dominación de lo salvaje. No importa si es interna o externa esa naturaleza: el amor vence las barreras de lo aparente y permite lo inalcanzable.

Lilith de Aqua, mujer de poder

▸ *The Invocation of Lilith* (2010), de Emily Balivet, arte digital.
▸ Referencia iconográfica: página XIV.

▸ Meditando con la Lilith de Aqua

Descripción

La Mujer-Lilith de Aqua es una sanadora. Lo mismo con su palabra que con su presencia, con sus manos o su mirada, ella cura. Abrió los canales que la conectan con la luz, con los portales donde la sabiduría ancestral se encuentra, donde la energía se transmuta: ella es el medio. Accede a estos espacios desde el respeto y el permiso de quien los necesita. Reconoce la unidad del universo y la divinidad en cada ser. Es poderosa y humilde, dulce y firme. Sus dones se volvieron su vocación, y los habita con entrega.

Tremendamente atractiva, su físico parece mantenerse atemporal gracias a la energía que la habita. Su sensualidad es franca, propia de lo femenino. Sin embargo, la Mujer-Lilith de Aqua vive el contraste de estar a veces muy sola en este plano. La cotidianidad de la vida en sociedad no le es fácil. No cualquiera la comprende, ni con cualquiera se siente cómoda.

Su pareja será aquel que se empate con su energía y vibración, que comprenda de manera innata y natural su vida y sus poderes, su entrega al servicio. Aquel que no exija para sí y simplemente la acompañe: otro gran sanador, el ser silvestre y práctico que la admire y la sostenga con amor. Si esa dualidad llega, la Mujer-Lilith de Aqua la acoge con gratitud. Si no llega, también está bien. Porque su camino no depende de otro, sino de su conexión con todo.

Está rodeada de alumnas y discípulos que siguen sus pasos, que la aman y procuran, que agradecen su existencia y su conocimiento. Es maestra y guía. Tiene otros compañeros: los astros, los rezos, el bosque, el mar, la montaña, el sol, la luna, un gato o sus perros. Es alma vieja que transita el fin del viaje. Es la gran astróloga y visionaria, heredera de un linaje de muchas que no pudieron ser en toda su potencia. Pero hoy ella lo es, comparte los secretos del universo que le han sido revelados.

Un llamado inevitable

La vocación se separó de la profesión desde los tiempos más antiguos. No era lo mismo ser médico o sacerdote que herrero o astillero, y no porque uno valiera más que otro, sino porque hay vidas que, por sus características, están al servicio de los demás. Para ejercerlas se requieren dones o talentos muy específicos, además de una preparación incansable y una entrega total.

Seguramente recuerdan el tiempo en que los oficios eran heredados: los hijos aprendían observando al padre y luego ejercían lo mismo. De ahí los apellidos: uno se llamaba según lo que hacía su padre o el lugar donde vivía. Después vino la lucha por la independencia patriarcal: cada joven quería hacer lo que su corazón pedía, no lo que la familia imponía. Así fue la historia. Pero todavía hoy vemos a jovencitos que quieren ser músicos en lugar de abogados, o psiquiatras en lugar de ingenieros.

Entonces como ahora, tanto para hombres como para mujeres, cuando se siente una vocación no es cuestión de que "los dejen" o no ser lo que desean. El llamado suele ser tan poderoso que simplemente no pueden dedicarse a otra cosa. Así, los monjes, los maestros, los médicos, los artistas y, por supuesto, las sanadoras como esta Lilith, siguen el impulso de su alma. Los vemos vivir para los demás: desde su trabajo son medio y tránsito de poderes que les son propios o conferidos. Aprenden las habilidades de su hacer, las perfeccionan, se preparan sin pausa, y su aliento viene de saberse en línea con su motivo de vida: ver que otros se alinean con su mayor bien —es decir, vivir mejor gracias a su palabra, su acción, su música o su medicina— es consuelo para sus horas de soledad y paga del sacrificio tejido con su decisión.

Las mujeres poderosas son necesarias; las curanderas han sido desde siempre el refugio del que sufre. Decidir serlo no es fácil, pero es inevitable.

Una Lilith de Aqua, cuando madura y tiene el camino andado, buscará heredar lo que sabe a quienes la siguen. Es una maestra que enseña con su propia vida. Por otro lado, las Lilith de Aqua en potencia leen estas líneas sabiendo que lo son. Reconocen, en su interior, el llamado al servicio. Quizá el mundo, con sus exigencias, aún las detenga, pero en su corazón está el impulso de responder por lo que les fue dado: intuir, guiar, sanar con sus manos o con sus esencias, con su palabra, conocer las plantas y reconocer en ellas su poder, saber cómo y cuándo usarlas, distinguir su medicina personal y ponerla en ofrenda, al servicio de quien la necesita.

Para esta Lilith, es solo cuestión de tiempo y de decisión para vivir entregada. Le basta con ser feliz en esos momentos donde está en comunión con lo que siente y hace, con lo que reza y habla, con lo que sueña y vive.

La división interna se disuelve. Se cede al llamado. Los votos se toman en silencio o con testigos —da igual—. Lo que los sella es una sonrisa interna: esa que marca la integración entre vida y camino. *Aho,* "que así sea"; *amén,* "así sea"; *shalom,* "paz". Son las palabras y frases que acompañan una decisión como esta.

El triángulo y las esencias

El color que envuelve a esta Lilith es **el verde**, símbolo de sanación, armonía y conexión con la naturaleza. Su palabra es **vocación**: ese llamado interior que no se puede ignorar, que exige entrega total. El animal de poder que la acompaña es **la libélula**, portadora de transformación y claridad espiritual, capaz de moverse entre mundos y traer mensajes sutiles del alma.

La esencia que protege y eleva a Lilith de Aqua es **el incienso**, facilitador de conexión sagrada y apertura de los sentidos superiores.

Interpretación formal

The Invocation of Lilith (2010), de Emily Balivet

Emily Balivet es una artista contemporánea que ha logrado re-significar la figura de Lilith a través de una propuesta estética luminosa y poderosa. Como en toda su obra, esta imagen está disponible en su sitio web oficial y en redes sociales.

Simbolismos especiales

Emily Balivet saca a Lilith de los infiernos de su interpretación como diablesa y la coloca más como una diosa poderosa, una maestra de la magia y la energía.

La belleza acompaña a la Lilith de Balivet, pero de manera natural: sus senos y curvas, la forma de sus piernas, su rostro y su mirada pertenecen a una mujer común con poderes extraordinarios. Esta combinación es la que realza la atracción que provoca su Lilith: al sustituir los rojos y ocres, las llamas, los animales, la oscuridad y el pecado por esferas luminosas, estrellas de múltiples picos y la luz en tonos verdes y azules que emiten el suelo, su capa y sus halos energéticos, Balivet transforma a Lilith en una divinidad orgánica y luminosa. Parece pertenecer más al cielo y a la naturaleza que al inframundo donde muchos la colocan.

Su andar de frente y abierto, sus manos levantadas en gesto de recepción energética más que de rezo, representan justamente una invocación: el manejo consciente de la energía. Es una visión que transparenta la otra dimensión de una diosa.

LILITH DE OCRE, RENACIMIENTO

▸ *Lilith* (2016),
de Wymithan,
arte digital.

▸ Referencia
iconográfica:
página XV.

▸ Meditando con
la Lilith de Ocre

DESCRIPCIÓN

Solo de las profundidades de la oscuridad puede resurgir la Mujer-Lilith de Ocre. Sus alas no son dulces, sino poderosas; fuertes como su vida, como sus decisiones y los caminos que ha seguido. En la conciencia de su ser, en lo profundo de su alma, sabe que solamente en la oscuridad fue capaz de distinguir su verdadera luz. A ella nadie le cuenta historias: lo ha vivido todo, sin importar su edad. Cegada por el dolor de sus cicatrices, hizo daño y se hizo daño, aunque nunca hubiera sido su intención. La sombra que envolvía su proceso no le permitía ver la espiral sin fondo de sus propias acciones. Pero desde ahí resurge, fuerte y adolorida, lo suficiente para no volver atrás. Ha perdido mucho, pero no todo. Y una vez que encuentre su voz y su camino, no se apartará de él. Ha entendido que no puede complacer a nadie por encima de sí misma. Descifró el secreto del *sano egoísmo*: si ella no está bien, nada está bien. Lo vivido es su tesoro y lo comparte con quien lo necesita.

Conoce su atractivo y su belleza, pero ya no los usa en su contra. Se protege: con una sola mirada escanea su entorno y se ha vuelto tremendamente selectiva. Se entrega poco, pero profundamente. De la traición aprendió la lealtad; de la derrota, la compasión; de la supervivencia, el AMOR mayúsculo. Es la mujer que sabe decirse a sí misma: "¡No más! ¡Basta!". Es la que detiene los abusos y rompe los sistemas tóxicos que destruyen.

La Mujer-Lilith de Ocre nos devuelve la determinación que un día perdimos. Nos da el valor de no tener miedo nunca más, porque ha vencido a sus demonios, cruzó el infierno y se ha ganado su retorno.

El ave fénix que sí existe

Entre las experiencias personales, hay algunas que casi nos matan. La debilidad no es más que el extremo ciego de una espiral en picada, como el mundo de las adicciones, que en realidad está al servicio de la fuga del dolor. Toda agresión contra una misma es el espejo del miedo. Detrás de toda autodestrucción hay eso: miedo. El ser se aleja tanto de su luz, de su esencia, que quiere recuperarla de forma artificial: un ratito de carcajadas que terminarán en vómito; unos jeans talla cero que no pueden vestir un corazón hambriento; pastillas, polvos, humo: prostitución de las plantas que fueron sagradas, y uso perverso de la tecnología, tergiversada para destruir.

¡Quiénes somos para juzgar a quien no puede con su dolor y creernos inmunes a la oscuridad! Los submundos del vacío están llenos de almas que no quieren estar ahí, pero no saben cómo salir.

Normalmente, como mujeres que nos recuperamos de lo que somos herencia, miramos la lucha hacia fuera, pero el poder está dentro. No sabemos de qué tamaño son las heridas que pueden sumergirnos en ese tipo de pruebas. Salir de ahí —de la muerte en vida— requiere un fondo de sufrimiento absolutamente personal. Se acompaña de una decisión que grita ahogada entre pérdidas y crudas. La culpa lo ocupa todo, y se araña por encontrar una salida, se ruega por un cambio.

La complejidad de quien está en proceso de superar una situación así es que, el final, nunca llega. Cada día es una meta. A veces… cada hora. Se resquebraja el ego, la humildad necesita el papel protagónico —pero sin caer en la victimización—. El juego del equilibrista, la obediencia a los consejos de quienes ya cruzaron ese camino, y no su fuerza de voluntad, sino su buena voluntad, serán sus únicas armas. Rendirse será su fuerza.

Es inmensa y poderosa la mujer que acumula horas de sobriedad que se vuelven días, meses… años. Vida. Es el fénix que de verdad resurge de las cenizas y vuelve a volar con valentía. La que se sabe amada por un ser superior, por el universo entero, y desde ahí toma su fuerza para preguntarse: "¿Qué es lo que debo hacer?"… y después, con fuerza, sin claudicar, hacerlo. Estas Liliths son de un metal precioso, sobre todo porque se reconocen frágiles pero nunca más débiles.

EL TRIÁNGULO Y LAS ESENCIAS

Dos colores acompañan a la Lilith-Ocre: *el dorado y el negro*, como la luz que alumbra la oscuridad. También son dos sus animales de poder: *el oso y la pantera*. Esta le entrega la medicina de la sagacidad y el poder, pero necesita al oso para retornar a la cueva, regresar a sí misma y recargar la energía que después empleará al salir. La palabra que le da rumbo a la Lilith de Ocre y que le dice qué debe desarrollar en su vida es *ternura*. Su esencia es el *vetiver*.

INTERPRETACIÓN FORMAL

Lilith (2016), de Wymithan

Elaborada con una técnica mixta que incluye fotografía, ilustración y óleo sobre lienzo relleno, así como marco de madera tallado a mano, esta Lilith es la tercera diosa del artista para la serie denominada *Las 13 caras de la Diosa*. Wymithan trabaja cada mujer-diosa desde su origen mitológico, estudiando sus características ancestrales; de ahí continúa con la selección de la modelo: su vida, su energía y su poder son elementales para elegirla. Después seguirá la elaboración artística: montaje, vestuarios, maquillaje, ambientación, todo es importante para Wymithan, un joven artista mexicano que pisa las fronteras de lo irreal y lo verosímil. Trabajará el final en la computadora para afinar los detalles que darán vida a sus visiones y los últimos retoques son en óleo, haciendo a cada diosa única.

La modelo para Lilith fue Coral Mujaes, la escritora de *Yo salí del abismo*. La pintura pertenece todavía al artista, quien solo hará trece copias originales de ella.

Simbolismos especiales

La imagen de esta Lilith es el reflejo del tránsito de su mito: desde su creación como mujer bella con bendiciones iguales a las del hombre, pasando a ser diablesa por su rebeldía y por exigir esos derechos, hasta la liberación de su historia, producto de contar la verdad del cuento.

La *Lilith* de Wymithan está brillando en la oscuridad; no ha salido de ella ni pertenece tampoco a la naturaleza abierta ni a ningún espacio creado. Es como una luz ocre que no ilumina ni encamina; no alumbra, solo se destaca en medio de la oscuridad.

La esfera sobre su cabeza tiene inscripciones en hebreo, lo que recuerda el origen de su mito. El poder de su luz no viene de ningún sitio más que de ella misma. La fuerza de su sensualidad no necesita un cuerpo desnudo: su postura, su mirada y la combinación de sus energías la hacen evidente.

Frente a la visión del artista, esta Lilith no ha dejado de ser fuerte ni de amenazar a quien no sabe cruzar su propio infierno. Esta Lilith es la entereza de los límites y la claridad de un "no". Es también la atracción de quien ha resurgido con poder desde el silencio que la transformó.

La Mujer Madre

▸ *Amalurra* (2016), de Marisa López Moreno, Sarima, arte digital.
▸ Referencia iconográfica: página XVI.

Descripción

La mujer puede ser lo que ella quiera, no lo que le digan que puede ser. Hoy, muchas han conquistado ese derecho. Han caminado lejos de la imposición y han aprendido a elegir su camino. Entre todas esas posibilidades, hay una que sigue siendo única y profundamente poderosa: la capacidad de dar vida. Ser madre no es obligación ni destino, pero sí es un misterio de la existencia reservado al cuerpo femenino. Ese poder, que antes nos volvió diosas, permanece vivo. La posibilidad de concebir, de gestar y de parir no es solo un evento físico, es un acto creador que transforma a quien lo vive.

Algunas fuimos madres y otras lo seremos. Algunas no pudimos y otras decidimos no serlo. Sin embargo, en todas —sin excepción— habita la fuerza que da a luz: a criaturas, sí, pero también a proyectos, ideas, cuidados, comunidades, hogares, fundaciones, arte, consuelo o ternura. Hay maternidades múltiples: la que cría hijos propios, la que cuida a los de otros, la que rescata animales y los ama como familia, la que acompaña un proceso de sanación, la que protege, nutre y transforma.

Somos cuna y cueva por dentro: capaces de contener, sostener y alumbrar. Cuando observamos esto, mi pregunta para todas es: ¿cómo podríamos tenerle miedo a la vida o dudar de todo lo que podemos lograr, si dentro de nosotras cabe una vida entera?

Y en ese camino, como siempre, están ellas: Eva, con su sabiduría y dulzura. Lilith, con su fuerza y decisión. Ambas acompañan a esta mujer-madre, que elige nutrir la vida que ama, sea cual sea su forma.

El triángulo y las esencias

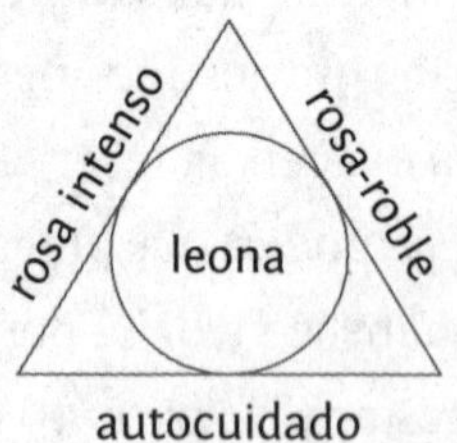

A la Mujer-Madre la acompaña el color *rosa intenso*: la envuelve, le da toda la ternura y contención que necesita. Su animal de poder es *la leona*, con toda la fuerza, la capacidad, la paciencia y la firmeza al mismo tiempo. Sus aromas son *la rosa y el roble*. La palabra que debe desarrollar es el *autocuidado*, pues, aunque parezca imposible, una madre —y con ella, todas las mujeres— debe tener la conciencia de cuidarse. Aunque demos todo por los nuestros y esto transforma nuestro cuerpo; aunque desaparezcan las horas corridas de sueño y el vivir para nosotras, dentro de nuestra rutina de madres es muy importante que abramos un espacio personal para no perder nuestro centro ni nuestra esencia.

Interpretación formal

Amalurra (2016), de Marisa López Moreno, Sarima

Esta ilustración fue elaborada por la artista española conocida como Sarima. *Amalurra* es la deidad principal de la mitología vasca. Su nombre, en euskera, significa literalmente "Madre (ama) Tierra (lurra)", y se considera que de ella nacen todos los animales —representados por las mariposas— y las plantas. Su representación terrenal es el roble; por eso, en el entorno rural vasco, todavía hoy, los caseríos llevan un roble en sus escudos, como símbolo de protección de la Madre. En tiempos antiguos, bajo sus ramas se realizaban reuniones importantes, legislativas e incluso bodas, para invocar su resguardo.

Sarima se inspira en esta tradición y carga de magia la imagen de Amalurra, quien la acompaña como protectora desde su creación artística. Esta obra le valió el primer lugar en el certamen *Mallorca Fantástica* en 2009. La artista muestra su portafolio en Artelista, donde puedes ver varias de sus obras digitales, incluida la serie Amalurra: www.sarima.artelista.com

En una publicación de *Margen Cero* comparte antecedentes sobre su trayectoria y técnica, además de su contacto autoral en su web: www.envuelorasante.com

Simbolismos especiales

La imagen frontal de esta mujer no deja duda del acento que la artista pone en la maternidad: el vientre perfecto y desnudo saca a la luz lo que por muchos años se ocultó bajo los ropones de embarazo. La belleza cobra una nueva dimensión: es la hermosura de la naturaleza femenina transformada lo que atrae la mirada del espectador. El busto está cubierto por una tela ligera y escotada que resalta su tamaño y armonía: sensualidad de mujer en todas las etapas de su vida. El sol —símbolo de lo masculino que fecunda y expande— aparece en un broche al centro del pecho, coronando al nuevo ser que nacerá. Pero también remite al sol que, según la mitología vasca, Amalurra da a luz todos los días.

Todo es verde en el fondo, y sus tonos se multiplican: es la tierra fértil y próspera donde las mariposas vuelan sutiles, alimentándose y posibilitando la diversidad. Su cutis es joven y eterno al mismo tiempo. Sobre sus hombros y coronando su cabeza, una melena se eleva, erizada y flotante: parece el cabello que se despeina sumergido en el agua. Toda la imagen invita a sentir un ambiente acuático, aunque lo evidente de la tierra nos dice lo contrario. El cabello dispuesto de esta manera sugiere conexión con lo divino: es receptáculo de la energía.

Conclusiones

UN PACTO NUEVO

Estoy sentada en el mismo café de Polanco. Veo pasar a mis mujeres: son mi género y mi tribu. Creo en ellas como en mí; creo en un pacto —el Pacto de Eva— donde nunca más se levante la lengua de una contra la otra: más vale el silencio que el veneno.

El cambio —en todos los sentidos— debe comenzar entre nosotras. No todas somos iguales ni queremos lo mismo, pero si aprendemos a mirarnos con respeto y a tratarnos mejor, reconstruiremos la palabra *dignidad*, y los restos del patriarcado habrán muerto. Su herencia nos hizo creer que había una indestructible competencia: se nos tatuó ese pasado, cuando les pertenecíamos —a ellos, a los hombres—, y entonces las demás féminas eran siempre una amenaza.

Pero esto ya no es así. Porque una mujer que está bien plantada en sí misma, vive y deja vivir. Al reconciliarnos con nuestro género podremos relacionarnos mejor también con el opuesto: sin oprimir ni permitir la opresión.

La lucha hace mucho que dejó de ser contra "el otro". Si los hombres lo entienden o no, no importa. Nosotras lo sabemos. Tampoco debemos de luchar entre mujeres. La verdadera conquista debe ser la interna.

En nuestros días todavía hay mucho por hacer allá afuera, sí: en leyes, derechos, equidad, seguridad. Pero tenemos la oportunidad de mirar en lo profundo y cambiar en lo alto.

Hoy podemos ver cómo nuestras hijas viven distinto que nosotras, y nosotras también vivimos de otra forma que nuestras madres. La extinción de costumbres dañinas ya comenzó. Ahora es momento de atender el más profundo de nuestros retos: el freno más poderoso, el personal, el íntimo.

En este libro presenté dos de los mitos externos que nos han limitado desde su interpretación. Después, los arquetipos propuestos nos llevaron —de manera directa, aunque amorosa y sutil— a vernos reflejadas en ellos y reconocernos en nuestros estados como Eva y también como Lilith, a mirarnos, admirarnos y cambiar, si así lo queremos.

Los mitos impuestos por la cultura, la religión y la sociedad todavía existen. Pero tenemos el poder de desenterrar los que nos estorban más, nuestros mitos internos: los que nos hemos contado para sobrevivir. Descubrirlos, aceptarlos, sorprendernos con su existencia y tener la valentía de vivir sin ellos es el verdadero poder que nace de la mujer en la actualidad: saber quiénes somos realmente, qué queremos y qué vamos a hacer para no alejarnos de esa posibilidad.

Buscar a Eva y a Lilith me llevó a reconocer que he sido ambas en distintos momentos de mi vida. Liberarlas fue dejar atrás formas de mí que ya no me servían. Desenmascaré mis propios mitos a través de ellas: creencias aprendidas, heredadas, conscientes y también enterradas en mi psique. Ahí guardadas, solo me limitaban.

Llegar a este punto no significa que esté exenta de nuevos mitos: puedo inventarme algunos en el camino, o tropezar con versiones distintas de los mismos de antes. Pero hoy tengo una brújula clara: mis emociones como guía, mi intuición como voz. Me mantengo atenta. En lugar de quedarme en el porqué me sucede alguna situación, o rumiar mentalmente las injusticias de la vida, los miedos y las inseguridades, decido de manera consciente cambiar mi atención: buscar lo que me alegra, lo que me apasiona, pausar para relajarme, no dejar de divertirme y alinearme para lograr mi mejor versión. Con eso sí que me comprometo… y si no lo consigo todo al mismo tiempo, ¿qué más da? No hay meta, hay camino. La decisión está tomada:

Más allá de mis mitos, me permito vivir simplemente más libre, más suave e inmensamente más feliz.

Nadie tiene la clave para liberar el corazón del otro. Pero todo pareciera comenzar con el acto de desmantelar, una a una, las miradas que nos han atravesado: por diferentes, por rebeldes, por "equivocadas", por sumisas, o por demasiado calladas… *En fin, por ser mujeres.*

El miedo, la vergüenza, la culpa, el desorden completo de las emociones que no nos permiten vivir en paz ni plenas, tienen su raíz en esas miradas permitidas y en lo que nos hemos contado como verdades. ¡Hay que quitarnos de encima el juicio y escucharnos de una buena vez!

Porque vivir más allá de los mitos implica una destrucción amorosa, pero a la vez tajante, de todo aquello que nos limita para ser quienes realmente somos: esa Eva o esa Lilith personal, la que cada quien quiera experimentar.

En el descubrimiento de los mitos externos aparecen los internos. En la aceptación de los mitos impuestos se revela su contraparte: los mitos autoimpuestos. Ese es el verdadero reto: vivir más allá de ellos.

La vida es un proceso absolutamente personal. Las batallas parecen hechas de hilos finos y de enjambres propios. Lo único que sé es que vale la pena lucharlas.

Dar el paso para limpiar a nuestras Evas y Liliths es algo hermoso y poderoso; pero recuperarnos más allá de los mitos que nos hemos contado, sin creencias ocultas, ¡eso es libertad! Y se siente hasta en la forma de respirar: el aire entra ligero, la sonrisa se vuelve permanente, la mirada se limpia, los proyectos y las posibilidades crecen… Nuestra vida, ahora sí, nos pertenece.

Desde ese espacio de decisión privada —que calla o habla, que se atreve o se detiene, que es Eva o Lilith pero sin mito—, desde la mujer que entiende su lugar y lo ocupa, se sana y se revive.

Una vez desmanteladas las mentiras, hay una nueva yegua que aprender a montar: se llama *yo*. Yo soy responsable de mí misma y de mi camino. Y solo haciéndome cargo de mi vida puedo pretender entregarme a algo más. Solo desde mi serenidad y mi victoria puedo construir por los demás. Desde mi brújula alineada puedo guiar a mis hijos como seres respetuosos, capaces y amorosos. Desde ahí se crea arte o se abren negocios, se levantan rezos, se construyen lo mismo emporios que changarritos, pero prósperos; desde ahí, el estudio, la cooperación y la multiplicación.

Así nació este libro: con la conciencia de que salvarse a una misma, con un camino propio, es un privilegio que trae consigo el regalo de compartirlo con quien está listo para escucharlo.

Por eso estoy aquí, narrando feliz y apasionada la historia de la mujer y transparentando también la mía. Porque humildad y aprendizaje no son necesariamente bajar la cabeza ni guardar silencio, sino sentirse agradecida y levantar el rostro con valentía para contar lo personal, sabiendo que cuando miramos así, desde la honestidad, somos simplemente iguales al otro. No pretendo dar recetas, sino construir puentes. Ser espejo.

Este libro es de mujeres, porque eso soy yo y eso es lo que conozco bien. Este libro nos recorre desde la historia y los mitos, porque eso merecemos: volver a ser miradas, reconocer y honrar nuestro pasado, dar un paso franco en el presente y lanzarnos firmes al futuro. Aporta desde lo femenino a lo universal.

Pero incluyo en cada mirada a los hombres —a quienes no describo simplemente porque no los conozco como a mí—. Si hablo de mujeres y me detengo en mi género, es porque, como humanista, estudiosa y observante, estoy cierta de que todavía no estamos listos para dejar de hacerlo.

Habrá un día, estoy segura, en que no tengamos que hablar de género; un día donde el festejo por ser mujer será diario. Un día donde nuestra inteligencia no sea una sorpresa que alabar, sino el cotidiano de un mundo mejor. Donde nuestra fortaleza no surja para aguantar, sino para impulsar. Un tiempo y un espacio donde no tengamos que levantar la voz para ser escuchadas y nuestros silencios sean por serenidad y no por resignación. Me encantaría decir que ya llegamos al tiempo donde combinamos trabajo y casa y familia y amigos y niños y amores ¡sin un gramo de culpa! Donde tener un espacio de aire personal esté por encima de las necesidades de todos los demás.

Pero ser mujer sigue siendo ese reto, y quizá en este
siglo y de este lado del planeta lo sea más, porque ya
son tantos los caminos abiertos por otras mujeres y
hombres valientes que rompieron estereotipos, cambiaron
leyes y defendieron formas nuevas, que no atreverse a
caminarlos, que no habitar las posibilidades y retroceder
—sea por lo que sea—¡simplemente ya no se vale!
Porque ser mujer hoy es dejar de cobijarnos en pretextos
—"porque nos falta" o "porque los otros nos hacen"—
y con la sutileza y la inmensa capacidad con las
que fuimos creadas, llegó el momento de hacernos
responsables de que nuestra existencia sea mejor,
hasta que hablar de género sea totalmente irrelevante.
Porque en la raíz de Eva está Evo, y de ahí, quizá,
logremos la EVOLUCIÓN.

AGRADECIMIENTOS

Este libro —y mi corazón— son para quienes acompañaron mi transformación como Eva, para quienes abrazaron mi tránsito por Lilith… para quienes creyeron en mí, y lo siguen haciendo.

Gracias a mis padres, Manolo y Lupita. ¡Cuánto vivido en vida! Sería inmensamente feliz si pudieran leerme ahora. Pero gracias por dejarme sentirlos cerquita, todavía.

A mis hermanos, Manolo, Damián y Ana Paula: hermanos… gracias por acompañarme en este momento de mi vida. Ahí vamos los tres, como lo que somos. Los amo.

Agradezco cada "diosidencia", cada circunstancia y cada maestro. Todo el estudio y toda la vida. Agradezco cada dolor y cada carcajada; cada consejo y cada silencio. Y también la posibilidad de verme con más ternura y con más amor.

Gracias a mis editoras y a todo el equipo de Penguin Random House, por hacer posible no solo la primera edición, sino esta nueva: en esencia, la misma, pero más profunda; embellecida en diseño y cuidando cada detalle.

Un "gracias" inmenso, desde el fondo de mi corazón, a Iliana Penguelly. Por todas las horas vividas en reconstrucción. Por confiar siempre en la luz de mi interior, incluso cuando la oscuridad era densa. Aquí está el libro, Ili. Lo prometido es deuda. Y mi corazón, en honra con el tuyo también.

Gracias, Juan, por ser el primer hombre que quiso leer *Las hijas de Eva y Lilith* con todo el corazón, y por leerme en ellas cada día. Por reconocer a mis Evas… y vivir amando a mi Lilith.

BIBLIOGRAFÍA

Amorós, Celia, *Hacia una crítica de la razón patriarcal*, Madrid, Anthropos, 1985.

Barthes, Roland, *El placer del texto y lección inaugural*, México, Siglo XXI Editores, 2011.

Bainton, Roland H., *Here I Stand: A Life of Martin Luther*, Nueva York, Penguin Publishing Group, 1995.

Barceló, Pedro, *Teodosio: el último emperador romano*, Barcelona, Editorial Crítica, 2002.

Beauvoir, Simone de, *El segundo sexo*, Juan García Puente (trad.), México, Debolsillo, 2015.

Benedetti, Marina. *Guglielma e Maifreda: l'eresia del Santo Spirito femminile*, Milán, Biblioteca Francescana, 1990.

Berman, León, *Leyendas del Talmud y del Midrás*, Barcelona, Riopiedras, 1925.

Bethencourt, Francisco, *La Inquisición en la época moderna*, Madrid, Akal, 2000.

Bourgeault, Cynthia, *María Magdalena: descubriendo a la mujer del corazón del cristianismo*, Barcelona, Ediciones Obelisco, 2019.

Blázquez Martínez, José María, *Constantino el Grande y el cristianismo del siglo IV*, Madrid, Ediciones Cátedra, 2000.

Brasey, Édouard, *Brujas y demonios*, París, Pygmalion-Gérard Watelet, 2001.

Butler, Judith, *El género en disputa: el feminismo y la subversión de la identidad*, Barcelona, Paidós, 2001.

Cabello, Felipe J., *El mito de Lilith en el Alfabeto de Ben Sira*, Madrid, Ediciones del Laberinto, 2015.

Campbell, Joseph, y Bill Moyers, *The Power of Myth*, Nueva York, Doubleday, 1988.

Chevalier, Jean, y Alain Gheerbrant, *Diccionario de los símbolos*, Barcelona, Herder, 1969.

De Miguel, Paloma, "Lilith, la sombra de Eva", *Nueva Acrópolis*, Organización Internacional España, 2009. Disponible en línea en: <https://biblioteca.nueva-acropolis.es/2013/lilith-la-sombra-de-eva>; consultado el 14 de junio de 2013.

Delumeau, Jean, *El hecho religioso. Una enciclopedia de las religiones hoy*, México, Siglo XXI Editores, 1997.

El Levítico, Antiguo Testamento, Biblia Hebrea. Tradiciones sobre el chivo expiatorio (Lv. 16).

El Talmud, Israel-Madrid, Alef-Jojmá-EDAF, 2003.

El Zohar, R. Michael Berg (ed. y comp.), Nueva York, The Kabbalah Centre International, 2003.

Eliade, Mircea, *Historia de las creencias y las ideas religiosas. Volumen I: De la Edad de Piedra a los Misterios de Eleusis*, Jesús Valiente Malla (trad.), Barcelona, Ediciones Paidós, 1999.

__________, *Lo sagrado y lo profano*, Barcelona, Labor-Punto Omega, 1985.

__________, *Tratado de historia de las religiones*, Madrid, Cristiandad, 1974.

Epstein, Marc Michael, *The Medieval Haggadah: Art, Narrative, and Religious Imagination*, New Haven, Yale University Press, 2011.

"Etimología de Eva", en *Diccionario etimológico,* Chile, 2001-2016. Disponible en línea en: <http://etimologias.dechile.net/?Eva>; consultado el 21 de septiembre de 2016.

Fábrega, Óscar, *Eso no estaba en mi libro de historia: la historia de los cátaros,* Córdoba, España, Editorial Guadalmazán, 2017.

Frazer, James George, *El folklore en el Antiguo Testamento,* Madrid, Fondo de Cultura Económica de España, 1981 (Sección de Obras de Antropología).

Friedan, Betty, *The Feminine Mystique,* Nueva York, W. W. Norton, 1963.

Gaitán, Carlos, *Diccionario mitológico,* México, Diana, 1991.

García de Cortázar, José Ángel, *Historia religiosa del Occidente medieval (años 313-1464),* Madrid, Akal Universitaria, 2012 (Historia Medieval, 320).

Gardner, Jane F., *Women in Roman Law and Society,* Bloomington, Indiana University Press, 1986.

Gimbutas, Marija, *The Language of the Goddess,* Joseph Campbell (introd.), Nueva York, Thames and Hudson, 2001.

González Salinero, Raúl, *El cristianismo primitivo y el Imperio romano,* Madrid, Editorial Síntesis, 2003.

Graves, Robert, y Raphael Patai, *Los mitos hebreos,* Madrid, Alianza, 2000.

Guerreau, Alain, *El feudalismo: un horizonte teórico,* Barcelona, Crítica, 1984.

Heisterbach, Caesarius von, *Dialogus Miraculorum,* Joseph Strange (ed.), Colonia, J. M. Heberle, 1851. Libro V, capítulo 21.

Herreros, Ana Cristina, *Libro de brujas españolas,* Madrid, Siruela, 2009.

"Historia rabínica de Lilith, Isaías 34:14, la primera mujer de Adán que no fue Hava o Eva", 2012. Disponible en línea en: <www. youtube. com/watch?v=cOoNPSic3Uw>; consultado el 13 de junio de 2013.

Juan Pablo II. "Al Presidente de la Federación Luterana Mundial", en *Discursos del Santo Padre Juan Pablo II,* sección Diciembre 1999, Vatican.va, Ciudad del Vaticano, 9 de diciembre de 1999. Accedido en junio de 2025.

__________, "Discurso a la Asamblea de la Iglesia Evangélico-Luterana de Alemania", en *Ecclesia,* núm. 200, Madrid, 1980.

Ireneo de Lyon, *Adversus Haereses* [*Contra las herejías*], traducido y editado por varios autores, Madrid, Biblioteca de Autores Cristianos, 1993.

Kamen, Henry, *La Inquisición española: una revisión histórica*, Barcelona, Crítica, 1999.

Kierkegaard, A. Søren, *Temor y temblor*, México, Fontamara, 1994.

Kramer, Samuel Noah, *Sumerian Mythology: A Study of Spiritual and Literary Achievement in the Third Millennium B.C.*, Filadelfia, University of Pennsylvania Press, 1961.

"La Biblia: el libro más vendido en el mundo en los últimos 50 años". Disponible en línea en: <www.noticiacristiana.com/entretenimiento/libros/2013/02/la-biblia-el-libro-mas-vendido-en-el-mundoen-los-ultimos-50-anos.html>, 6 de febrero de 2013; consultado el 13 de junio de 2015.

La Biblia latinoamericana (42ª ed.), Ramón Ricciardi (ed.), Editorial San Pablo, México, 1989.

La Santa Biblia, Antiguo y Nuevo Testamentos, edición Reina-Valera [1960], Corea, Sociedades Bíblicas Unidas, 2007.

Lagarde, Marcela, *Los cautiverios de las mujeres: madresposas, monjas, putas, presas y locas*, Ciudad de México, UNAM, 2005.

__________, *Claves feministas para la autoestima de las mujeres*, México, Instituto de la Mujer del D.F., 2000.

Langdon, S. H., "Babylonian and Hebrew Demonology with the Reference to the Supposed Borrowing Persian Dualism in Judaism and Christianity", en *Journal of the Royal Asiatic Society*, enero de 1934.

Le Goff, Jacques, *La Edad Media explicada a los jóvenes*, Barcelona, Paidós, 2009.

__________, *Los intelectuales en la Edad Media*, Barcelona, Gedisa, 1996.

Leloup, Jean-Yves, *El Evangelio de María: Myriam de Magdala*, Barcelona, Herder Editorial, 1998.

Lerner, Gerda, *La creación del patriarcado*, Madrid, Ediciones Cátedra, 1990.

Los manuscritos hebreos de Ben Sira, Víctor Morla (trad. y notas), Asociación Bíblica Española-Institución San Jerónimo-Verbo Divino, 2000 (Monografías, 59).

Marguerat, Daniel, *Pablo. El apóstol de las naciones*, Salamanca, Ediciones Sígueme, 2010.

McLynn, Neil, *Ambrose of Milan: Church and Court in a Christian Capital*, Berkeley, University of California Press, 1994.

Mead, Margareth, *Sexo y temperamento en tres sociedades primitivas* [1947], Madrid, Paidós Ibérica, 1982.

Miguel, Paloma de, "Lilith, la sombra de Eva", *Nueva Acrópolis*, Organización Internacional España, 2009. Disponible en línea en: <www.nueva-acropolis.es/cultura/simbolismo/Lilith.htm>; consultado el 14 de junio de 2013.

Mishlove, Jeffrey, y Lee Sannella, transcripción de la serie *Thinking Allowed. Conversations on the Leading Edge of Knowledge and Discovery*, The Intuition Network, A Thinking Allowed Television Underwriter, 2010.

Moebius, P. J., *La inferioridad mental de la mujer*, Leipzig, 1900.

Moran, Caitlin, *Cómo ser mujer*, Barcelona, Anagrama, 2012.

Newman, Barbara, *From Virile Woman to WomanChrist: Studies in Medieval Religion and Literature*, Filadelfia, University of Pennsylvania Press, 1995.

Neumann, Erich, *The Great Mother,* Ralph Manheim (trad.), Princeton, Princeton University Press, 1991.

Ngozi Adichie, Chimamanda, *Todos deberíamos ser feministas*, Barcelona, Literatura Random House, 2015.

Orfali, Moisés, *Talmud y cristianismo*, Barcelona, Riopiedras, 1998.

Panofsky, Erwin, *Estudios sobre iconología*, Madrid, Alianza, 1972.

Parada, Luis, "3. Historia de la traducción de la Biblia Reina-Valera", en "¿Es la Biblia Reina-Valera la Palabra de Dios?", Brian R. George (ed.). Disponible en línea en: <http://webs.satlink.com/usuarios/a/argbgr/LPEslaBibliaPalabradeDios.htm>; consultado el 15 de junio de 2013.

Patai, Raphael, *The Hebrew Goddess*, Detroit, Wayne State University Press, 1990.

Pateman, Carol, *El contrato sexual*, México, Siglo XXI Editores, 1995.

Pernoud, Régine, *La mujer en el tiempo de las catedrales*, Madrid, Rialp, 2001.

Peters, Edward, *Inquisition*, Berkeley, University of California Press, 1989.

Pinkola Estés, Clarissa, *Mujeres que corren con los lobos*, María Antonieta Menini (trad.), Barcelona, Ediciones B, 2001.

Pomeroy, Sarah B., *Goddesses, Whores, Wives, and Slaves: Women in Classical Antiquity*, New York, Schocken Books, 1975.

Reale, Giovanni, y Dario Antiseri, *Historia del pensamiento filosófico y científico*, t. II, *Del humanismo a Kant*, Barcelona, Herder.

Rehbein Pesce, Antonio, "Martín Lutero en la historiografía católica y en la Iglesia católica actual", en *Teología y Vida*. Disponible en línea en: <www.scielo.cl/scielo.php?pid=S0049-34492001000300002&script=sci_arttext#34>; consultado en julio de 2015.

Ricciotti, Giuseppe, *San Pablo*, Madrid, Biblioteca de Autores Cristianos, 1958.

Romero, Lucy, *Somos diosas*, México, Zeta, 2008.

Rossel, Cecilia, y María de los Ángeles Ojeda Díaz, *Las mujeres y sus diosas en los códices prehispánicos de Oaxaca*, México, Centro de Investigaciones y Estudios Superiores de Antropología Social-Miguel Ángel Porrúa, 2003.

Rousseau, Jean-Jacques, *Emilio*, Francesc Lluis Cardona (trad.), Barcelona, RBA, 2002.

Ruperino, Julie, *Los cátaros: dogma y herejías, cátaros de Europa y de Occitania, predicación y cruzadas, la Inquisición, castillos y lugares de Languedoc*, Asesoramiento histórico de Ambre Non, Isabella Yassat-Otija (trad.), Vic-en-Bigorre, MSM/In-situ, 2000-2006.

Sack, Juan Carlos, "¿Cuál Biblia es más confiable? ¿Por qué se omiten versículos?". Disponible en línea en: <www.apologeticacatolica.org/Canon/Canon11.htm>; consultado el 30 de octubre de 2016.

Shelton, Jo-Ann, *As the Romans Did: A Sourcebook in Roman Social History*, 2ª. ed., Nueva York, Oxford University Press, 1998.

Scholem, Gershom, *Las grandes tendencias de la mística judía*, Beatriz Oberländer (trad.), Madrid, Siruela, 2000.

__________, *La cábala y su simbolismo*, Juan José del Solar (trad.), Madrid, Siruela, 1996.

Schwartz, Yoel, "La Torá: un regalo celestial", en *Judaísmo Hoy*, página electrónica. Disponible en línea en: <www.judaismohoy.com/category_index.php?category_id=2>; consultado el 15 de junio de 2013.

Sociedades Bíblicas Unidas, "Distribución". Disponible en línea en: <www.unitedbiblesocieties.org/es/what-we-do/distribution/>; consultado el 27 de julio de 2016.

Spivey, Nigel, *The Ancient Olympics*, Oxford, Oxford University Press, 2004.

Sprenger, Jacobus, y Heinrich Kramer, *Malleus Malleficarum (El martillo de las brujas)*, Floreal Maza (trad. de la edición primera de Alberto de Baviera, 1498-1508), Buenos Aires, Orión, 1975.

Treggiari, Susan, *Roman Marriage: Iusti Coniuges from the Time of Cicero to the Time of Ulpian*, Oxford, Oxford University Press, 1991.

Valcárcel, Amelia, *La memoria colectiva y los retos del feminismo*, Santiago de Chile, Naciones Unidas, Unidad Mujer y Desarrollo, 2001.

__________, *Sexo y filosofía: sobre mujer y poder*, Barcelona, Ediciones Destino, 2000.

Veyne, Paul, *Cuando nuestro mundo se volvió cristiano (312–394)*, Madrid, Alianza Editorial, 2007.

Wickham, Chris, *El legado de Roma*, Barcelona, Crítica, 2010.

__________, *Una historia nueva de la Alta Edad Media: Europa y el mundo mediterráneo, 400-800*, Tomás Fernández Aúz y Beatriz Eguibar (trad.), Barcelona, Crítica, 2009, Serie Mayor.

Wollstonecraft, Mary, *A Vindication of the Rights of Woman: with Strictures on Political and Moral Subjects*, Reino Unido, 1792.

Wright, N. T., *Pablo: una biografía*, Madrid, Ediciones Clie, 2021.

Zaklikowski, Dovid, "Naming the Newly Circumcised Baby", Chabad.org. Publicado el 1 de noviembre de 2017. Disponible en: <https://www.chabad.org/library/article_cdo/aid/144470/jewish/Naming-the-Newly-Circumcised-Baby.htm>; consultado el 6 de julio de 2025.

NOTAS

Introducción. Cambio, intuición y conocimiento

1. El inconsciente colectivo es un concepto propuesto por Carl G. Jung y se refiere a una memoria simbólica compartida por la humanidad. Es un tejido profundo de imágenes, creencias y patrones que atraviesan culturas y épocas, y que vive en cada persona más allá de su experiencia individual. Es ahí donde habitan los arquetipos —como la madre, la sombra o la heroína— que moldean nuestros relatos, decisiones y emociones sin que siempre seamos conscientes de ello.

2. Los arquetipos son modelos universales de comportamiento, emoción o pensamiento que se repiten en distintas culturas y épocas. Según el historiador de las religiones Mircea Eliade, en las sociedades religiosas los mitos cumplen la función de revelar y fijar esos modelos de comportamiento ejemplares. Por su parte, el psiquiatra suizo Carl G. Jung definió los arquetipos como imágenes primordiales del inconsciente colectivo, que se manifiestan en los sueños, los símbolos, las leyendas y los relatos míticos.

3. Reflexiones de Mati Covarrubias, "Filosofías al Aire", disponible en YouTube y sus plataformas (2017).

4. Bill Moyer, en la entrevista documental, "Joseph Campbell and The Power of Myth", emitida por la PBS en 1988, episodio 4, titulado "Sacrifice and Bliss".

I. De diosas a brujas. ¿Qué hicimos todos y dónde estamos las mujeres hoy?

1. Las primeras figuras femeninas prehistóricas fueron nombradas como "Venus" por arqueólogos europeos del siglo XIX, en alusión —no sin cierta ironía— a la diosa romana de la belleza. La más célebre es la Venus de Willendorf, hallada en Austria en 1908 y datada en unos 25 000 años a.C. Sin embargo, en 2008 se descubrió en la cueva de Hohle Fels, en Alemania, una escultura humana de mujer de apenas 6 cm de alto, tallada en marfil de una hembra de mamut, con atributos sexuales muy marcados y un notable detalle en las manos. Se ha descubierto que perteneció a un periodo de entre 35 000 y 40 000 a.C., lo que la convierte en la representación femenina más antigua conocida hasta ahora. Como detalle adicional, en lugar de cabeza tiene una protuberancia perforada, lo que sugiere su uso como colgante o amuleto, comprobando que desde el inicio de los tiempos, la imagen de la mujer fue símbolo de talismán y poder.

Para profundizar en este hallazgo, se puede consultar el artículo original publicado en la revista *Nature* por el arqueólogo Nicholas J. Conard, titulado "A female figurine from the basal Aurignacian of Hohle Fels Cave in Southwestern Germany" (*Nature*, vol. 459, pp. 248-252, 2009).

2. Mircea Eliade, *Historia de las creencias y las ideas religiosas*, tomo I, Barcelona, Paidós, 1999, pp. 46-47.

3. Lucy Romero, *Somos diosas*, México, Zeta, 2008, p. 25.

4. Inanna, diosa ancestral del amor, la guerra y la fertilidad, fue transformada en figuras como Asera, Astarté o Astarot en el mundo hebreo. Su culto persistió incluso en tiempos del rey Salomón, quien, según la Biblia, permitió la adoración de estas deidades extranjeras (1 Reyes 11:5-7). Más adelante, profetas como Elías (1 Reyes 18:19) y los cronistas (2 Crónicas 24:18-22) reprocharon al pueblo por haberlas venerado, considerándolo una traición al Dios único de Israel.

Para una lectura profunda y poética de himnos y relatos de Inanna, véase: Diane Wolkstein y Samuel Noah Kramer, *Inanna: Queen of Heaven and Earth. Her Stories and Hymns from Sumer* (Nueva York, Harper & Row, 1983).

5. Aristóteles, *Política*, libro I, capítulo 13, Manuel Cruz (trad.), Madrid, Alianza Editorial, 2000, p. 67.

6. Además de los evangelios, la existencia histórica de Jesús fue mencionada por autores no cristianos como Flavio Josefo —historiador judeo-romano del siglo I—, quien lo describe en sus *Antigüedades judías* (*ca.* 93 d.C.) como un personaje controvertido y un predicador subversivo con numerosos seguidores. También Tácito, senador romano, se refiere a su ejecución bajo Poncio Pilato y a los primeros cristianos en Roma (*Anales*, XV, 44).

7. Para profundizar en los Evangelios: sobre la actitud de Jesús hacia las mujeres y los relatos que aquí se mencionan, pueden consultarse: la mujer que unge los pies de Jesús y lo conmueve con su amor (Lucas 7:36-50); la amistad con Marta y María de Betania y la muerte de Lázaro (Juan 11:1-44); el encuentro con la samaritana en el pozo (Juan 4:1-42); y la curación de la mujer que sufría hemorragias (Marcos 5:25-34; Mateo 9:20-22; Lucas 8:43-48).

Sobre María Magdalena: los evangelios mencionan que Jesús expulsó de ella siete demonios (Lucas 8:2). Es testigo de su crucifixión (Mateo 27:55-56; Marcos 15:40-41; Juan 19:25), de su sepultura (Mateo 27:61; Marcos 15:47), y de su resurrección: ella corre al sepulcro (Juan 20:1-2; Mateo 28:1-10; Marcos 16:1-8) y es la primera en verlo resucitado y recibir su mensaje (Juan 20:11-18).

8. Las fuentes que sustentan la muerte de Jesús en el año 33 comienzan por señalar que los Evangelios coinciden en que Jesús murió durante la festividad de Pésaj (Pascua judía). Como esa fiesta depende del calendario lunar hebreo, los estudiosos han calculado qué año, entre el 26 y el 36 d.C. (cuando Poncio Pilato gobernaba Judea), pudo haber tenido una Pascua que coincidiera con un viernes, como indican los Evangelios. El análisis astronómico indica que en el año 33 d.C., el 3 de abril, la Pascua habría caído en viernes, lo que encaja con la narrativa evangélica de la crucifixión y resurrección al "tercer día". Por otro lado, en la cronología bíblica, se estima que Jesús comenzó su ministerio hacia los 30 años (Lucas 3:23), y que predicó durante unos tres años. Si nació entre el 6 y el 4 a.C. (según los datos sobre Herodes el Grande), su muerte podría ubicarse en el año 30 o 33. Pero el año 33 d.C. es el que más ajusta los datos pascuales, históricos y evangélicos.

9. Cynthia Bourgeault, *María Magdalena: descubriendo a la mujer del corazón del cristianismo* (Barcelona, Ediciones Obelisco, 2019), p. 46.

Para más información sobre el trabajo de Cynthia Bourgeault, puede consultarse su sitio oficial: https://www.cynthiabourgeault.org

10. Constantino I (*ca.* 272-337 d.C.) fue el primer emperador romano en abrazar el cristianismo y en unir el poder imperial con la fe cristiana. Fundó Constantinopla como nueva capital del Imperio. Su gobierno marcó el inicio de la era cristiana en la política imperial romana.

Para profundizar, véanse: José María Blázquez Martínez, *Constantino el Grande y el cristianismo del siglo IV* (Madrid, Ediciones Cátedra, 2000); y Paul Veyne, *Cuando nuestro mundo se volvió cristiano (312-394)* (Madrid, Alianza Editorial, 2007).

11. Ireneo de Lyon (*ca.* 130-202 d.C.) fue uno de los Padres de la Iglesia más influyentes del siglo II. Obispo de Lyon, es especialmente conocido por su obra *Adversus Haereses* [*Contra las herejías*], donde establece que solo podía existir una Iglesia, que debía ser católica —es decir, "universal"—, y sus miembros, cristianos ortodoxos, término que significa literalmente de recto pensamiento. Fuera de esta Iglesia —según declaró Ireneo— "no era posible la salvación".

12. Elisabeth Schüssler Fiorenza, *In Memory of Her: A Feminist Theological Reconstruction of Christian Origins* (Nueva York, Crossroad, 1983), p. 139; S. W. Baron, *A Social and Religious History of the Jews*, vol. II

(Nueva York, Columbia University Press, 1958), pp. 237 y 240; Ben Witherington III, *Women in the Ministry of Jesus* (Cambridge, Cambridge University Press, 1984), p. 4; Mishná Sotah 3,4, citada en Leonard Swidler, *Biblical Affirmations of Women* (Filadelfia, Westminster Press, 1979), p. 130; Leonard Swidler, *Women in Judaism: The Status of Women in Formative Judaism* (Metuchen, NJ, Scarecrow Press, 1976), pp. 130-139.

13. Sobre el análisis del estatus legal y social de la mujer romana puede consultarse *Women in Roman Law and Society* de Jane F. Gardner (Bloomington, Indiana University Press, 1986), mientras que el contexto del matrimonio y la tutela en el derecho romano está ampliamente desarrollado en *Roman Marriage: Iusti Coniuges from the Time of Cicero to the Time of Ulpian* de Susan Treggiari (Oxford, Oxford University Press, 1991).

14. El Concilio de Nicea fue una reunión de 300 obispos que, literalmente, Constantino encerró hasta que lograran conciliar sus diferencias, así como determinar lo que era correcto e incorrecto dentro del cristianismo. Estuvieron en clausura durante un mes, entre el 20 de mayo y el 19 de junio del año 325 d.C., en Nicea de Bitinia. Fue convocado primeramente por el obispo Osio de Córdoba y luego respaldado por el propio emperador. Los logros principales fueron unificar la doctrina y la fe del cristianismo en un solo Credo, el cual sigue siendo el que se proclama durante la misa católica hasta la actualidad: "Creo en un solo Dios, creador del cielo y de la tierra, Señor y dador de vida…".

Igualmente, y quizás lo más controversial, fue la concepción sobre la naturaleza del Padre y del Hijo. A partir de este concilio, se definió que Padre e Hijo son de la misma sustancia, y que el Espíritu Santo constituye la tercera persona del misterio de la Trinidad. El principal opositor a esta doctrina fue el obispo Arrio, fundador del cristianismo arriano.

Por otro lado, se estableció la fecha de la Pascua, así como de la Natividad del Hijo de Dios (Navidad), y se promulgó el primer derecho canónico.

15. El 27 de febrero del año 380, mediante el Edicto de Tesalónica (también llamado *Cunctos populos*), el emperador Teodosio I el Grande, junto con los coemperadores Graciano y Valentiniano II, declararon al cristianismo niceno como la única religión oficial y obligatoria del Imperio romano. El edicto fue suscrito en Tesalónica y no surgió de un concilio eclesiástico, sino como una disposición imperial. Con él, se reconocía como verdadera la fe transmitida por los apóstoles y profesada por el obispo de Roma (Dámaso I) y el de Alejandría (Pedro II), y se condenaba toda forma de herejía (otra forma de cristianismo). Dado su carácter de decreto imperial, no hubo un espacio formal para oposición organizada; los demás credos cristianos, como el arrianismo, quedaron automáticamente prohibidos.

16. Vesta era la diosa romana del hogar, la llama sagrada y la cohesión familiar y estatal. Su culto era uno de los más antiguos y respetados de Roma. El templo principal estaba en el Foro romano, pero su fuego sagrado también ardía en otras ciudades del Imperio. Las vírgenes vestales eran sacerdotisas escogidas desde niñas entre familias patricias. Debían conservar la castidad y se consagraban durante treinta años al cuidado del fuego de Vesta. Eran veneradas, temidas y socialmente privilegiadas, pero su rol desapareció con la cristianización del Imperio.

Sarah B. Pomeroy profundiza en la vida de las vestales no solo como símbolo religioso y figura mitológica, sino también desde su función social, legal y política dentro del mundo romano. Para ampliar sobre el tema, recomiendo su obra: *Goddesses, Whores, Wives, and Slaves: Women in Classical Antiquity* (Nueva York, Schocken Books, 1975).

17. *"Los romanos llamaban 'bárbaros' a todos aquellos pueblos que vivían más allá de sus fronteras y que no compartían su lengua ni sus costumbres. Entre ellos estaban los godos, visigodos, ostrogodos, vándalos, alanos, francos, suevos, anglos, sajones y otros grupos germánicos o asiáticos, como los hunos. La palabra no significaba salvajes en su origen, sino extranjeros, aquellos que hablaban como 'balbuceando', según el oído romano".

18. Tras la muerte de Atila en el año 453, el Imperio huno colapsó. Derrotados al año siguiente en la batalla de Nedao por una coalición de pueblos germánicos, los hunos se replegaron definitivamente del territorio romano. Algunos grupos sobrevivientes se dispersaron y se asentaron en la cuenca de los Cárpatos, incluyendo regiones como Transilvania. La memoria de su ferocidad se transformó con los siglos en leyenda, incluidas algunas tradiciones europeas que vinculan a los hunos con el mito de los ogros —criaturas brutales asociadas al hambre y la devastación—. Esto debido al imaginario colectivo, así como el parecido de la palabra *huno*, con la antigua manera de decir *hambre*, *hunger*, y de ahí… *ogro*. Sin embargo, no hay una comprobación académica histórica al respecto, más allá de la tradición oral de la zona.

19. Para profundizar en los temas sobre la caída del Imperio romano y la llamada barbarización del Imperio, recomiendo estas dos fuentes: Peter Heather, *La caída del Imperio romano. Una nueva historia de Roma y los bárbaros* (Barcelona, Crítica, 2007); y Edward Gibbon, *Historia de la decadencia y caída del Imperio romano* (1776-1788).

20. Jo-Ann Shelton, *As the Romans Did: A Sourcebook in Roman Social History*, 2a. ed. (Nueva York, Oxford University Press, 1998), p. 225.

21. Clodoveo I era descendiente directo de Merovio (o Merodio), legendaria figura considerada el fundador de la primera dinastía franca: la merovingia. Esta dinastía gobernó gran parte de la Galia entre los siglos v y viii.

Para profundizar en cómo los pueblos germánicos pasaron de estructuras tribales a formar reinos cristianizados que darían forma a la Edad Media, véase: Roger Collins, *Europa en la Alta Edad Media (400–1000)* (Barcelona, Crítica, 2007).

22. Los títulos nobiliarios no se otorgaban al azar. Los duques solían ser miembros de la familia real o figuras cercanas al rey, y se les asignaban tierras urbanas y regiones de mayor visibilidad política. Los condes, por el contrario, eran líderes influyentes pero de menor confianza, por lo que se les otorgaban amplios territorios rurales, a menudo despoblados. Los marqueses eran los hombres de máxima confianza del rey —fueran o no familiares—, y por ello se les confiaban las regiones fronterizas, alejadas del centro, con la responsabilidad de proteger el reino ante posibles invasiones.

23. Søren Kierkegaard (1813-1855), filósofo, poeta y teólogo danés, considerado el padre del existencialismo cristiano. Su crítica a la institución eclesiástica está plasmada en varias de sus obras, y esta cita —"El problema nunca ha sido Cristo, sino la cristiandad"— resume su pensamiento sobre la distorsión del mensaje original de Jesús. Aparece, con variantes, en textos como *Attack upon Christendom* (1855).

24. El término "Edad Media" fue acuñado durante el Renacimiento para describir un tiempo intermedio —un "medioevo"— entre la Antigüedad clásica y el Renacimiento (siglo xv). Esta etapa abarca aproximadamente del siglo v al siglo xv y suele dividirse en tres grandes periodos: la Alta Edad Media (siglos v al x), marcada por la caída del Imperio romano, la ruralización de Europa y la expansión del cristianismo; la Plena Edad Media (siglos xi al xiii), con el auge del sistema feudal, las Cruzadas, el esplendor de las catedrales y las universidades; y la Baja Edad Media (siglos xiv y xv), caracterizada por crisis como la peste negra, rebeliones sociales y el debilitamiento del orden feudal, que preparan el surgimiento del Renacimiento.

Para profundizar en el tema pueden consultarse las obras de Jacques Le Goff, *La Edad Media explicada a los jóvenes* (Barcelona, Paidós, 2009) (Francia) y *Los intelectuales en la Edad Media* (Barcelona, Gedisa, 1996) (Francia); Chris Wickham, *El legado de Roma* (Barcelona, Crítica, 2010) (Reino Unido); y Régine Pernoud, *La mujer en el tiempo de las catedrales* (Madrid, Rialp, 2001) (Francia).

25. En el marco de los estudios de género e historia, el patriarcado se entiende como un sistema social en el cual los varones detentan el poder y predominan en roles de liderazgo político, moral, religioso y familiar. Si bien existen antecedentes patriarcales desde la Antigüedad, es en este momento —con la fusión del poder eclesiástico y estatal, y la consolidación de una interpretación religiosa que subordina a la mujer— que el patriarcado queda estructurado y legitimado como orden social dominante en Occidente.

Recomiendo mucho las obras de Carol Pateman, *El contrato sexual* (México, Siglo XXI Editores, 1995) (Estados Unidos); Amelia Valcárcel, *Sexo y filosofía* (Barcelona, Ediciones Destino, 2000) (España); Marcela Lagarde, *Los cautiverios de las mujeres* (Ciudad de México, unam, 2005) (México); y Gerda Lerner, *La creación del patriarcado* (Madrid, Cátedra, 1990) (Estados Unidos).

26. Las cruzadas fueron una serie de campañas militares impulsadas por la Iglesia católica entre los siglos xi y xiii, con el objetivo declarado de recuperar los territorios sagrados de Jerusalén y frenar el avance del islam. Sin embargo, más allá del fervor religioso, estuvieron profundamente marcadas por intereses políticos, económicos y territoriales. La Primera Cruzada fue convocada por el papa Urbano II en 1095, y a ella siguieron al menos ocho más, incluyendo campañas dirigidas no solo contra musulmanes, sino también contra cristianos considerados herejes, como los cátaros.

27. Para comprender el universo cátaro desde una mirada que entrelaza espiritualidad, historia y territorio, destaca el libro *Los cátaros: dogma y herejías, cátaros de Europa y de Occitania, predicación y cruzadas, la Inquisición, castillos y lugares de Languedoc*, con textos de Julie Ruperino, asesoramiento histórico de Ambre Non y traducción de Isabella Yassat-Otija (Vic-en-Bigorre: MSM/In-situ, 2000-2006; impreso en Barcelona, España). La obra reconstruye con sensibilidad y rigor uno de los episodios más luminosos y trágicos del cristianismo medieval.

Otra opción accesible para el lector general es el libro de Óscar Fábrega, *Eso no estaba en mi libro de historia: la historia de los cátaros* (Córdoba, España, Editorial Guadalmazán, 2017), que presenta de forma clara los orígenes, creencias y la brutal represión del catarismo en la Europa medieval.

28. El término "Languedoc" proviene del occitano *langue d'oc*, que significa literalmente "lengua del sí", en referencia a la forma afirmativa *oc* utilizada en esa región. Se contrapone al *langue d'oïl* del norte de Francia —de donde derivaría el francés moderno—, donde *oïl* (antecesor de *oui*) era la palabra para afirmar. La distinción no era solo lingüística, sino cultural y política: reflejaba dos visiones distintas de fe, poder y sociedad.

29. Esta frase es atribuida a Arnaud Amalric, legado papal y abad cisterciense de Cîteaux, quien dirigía las fuerzas pontificias en la cruzada contra los cátaros. La masacre ocurrió al inicio de la Cruzada albigense, no como defensa de la fe, sino como un acto de exterminio, contra una forma de cristianismo que no obedecía, que no temía, y que era, a los ojos del poder, inaceptable. Se estima que murieron entre 7 000 y 20 000 personas, sin distinción de credo ni edad.

La frase se cita en la *Epistola Arnaldi Amalrici abbatis Cisterciensis et legati apostolici*, enviada a Inocencio III en 1209 y recogida más tarde por César de Heisterbach en su obra: *Caesarius von Heisterbach, Dialogus Miraculorum*, ed. De Joseph Strange (Colonia, J. M. Heberle, 1851), libro v, cap. 21.

30. La Inquisición no nació como tribunal, sino como idea: la necesidad de buscar activamente a quienes pensaran o vivieran fuera de la obediencia de la Iglesia de Roma. En 1215, el Concilio de Letrán estableció que los obispos debían inquirir, interrogar, corregir. Pero pronto, ese modelo se volvió insuficiente. En 1231, el papa Gregorio IX entregó la misión a los dominicos, orden fundada por Domingo de Guzmán, quien alguna vez creyó en el poder de la palabra para convencer a los cátaros. Pero su orden, nacida con libros y argumentos, se convirtió en una de las más temidas de la cristiandad. Así nació la Inquisición como tribunal eclesiástico, con autoridad para indagar y sentenciar lo que se considerara desviación de la fe: herejías, blasfemias, supersticiones. La Iglesia dictaba las condenas, pero no las ejecutaba: entregaba a los acusados al brazo secular, ya que el clero no podía —al menos formalmente— derramar sangre. A lo largo de los siglos, la Inquisición se expandió por Europa y América. Y aunque nació en el seno del catolicismo, algunas iglesias protestantes también adoptaron formas inquisitoriales, a veces aún más severas.

31. No quisiera dejar de mencionar a una valiente mujer que, en plena Edad Media, fundó lo que puede considerarse la primera iglesia para mujeres: Guillermina de Bohemia. A finales del siglo XIII, defendió públicamente que la redención de Cristo no había llegado aún a las mujeres, y que Eva no había sido verdaderamente perdonada. Su presencia tuvo tal eco en la ciudad de Milán que, tras su muerte en 1281, su legado fue continuado por un grupo de discípulas, entre ellas Maifreda da Pirovano, a quien llegaron a proclamar como "papisa". La propuesta de una iglesia femenina, inspirada en una espiritualidad centrada en un Espíritu Santo femenino, no pasó desapercibida. En 1301, la Inquisición actuó con dureza: Maifreda y sus seguidoras fueron condenadas a la hoguera, y los restos de Guillermina exhumados y quemados públicamente, como advertencia simbólica de que ni muerta podía descansar una mujer que hubiera propuesto semejante transformación espiritual.

Sobre este caso véase: Marina Benedetti, *Guglielma e Maifreda*, 1990; Barbara Newman, *From Virile Woman to WomanChrist*, 1995.

32. En Mateo 19:3-12, Jesús responde a los fariseos que le preguntan por qué Moisés permitió dar carta de divorcio y repudiar a la mujer. Él contesta: "Por la dureza de vuestro corazón, Moisés os permitió repudiar a vuestras mujeres; pero al principio no fue así". Luego añade: "No todo el mundo puede aceptar lo que acabo de decir, sino los que han recibido este don. Algunos nacen siendo incapaces de casarse, otros han recorrido ese camino por hombres, pero hay otros que han rechazado la posibilidad del matrimonio por el Reino de los Cielos. Aquel que pueda aceptar esto, debe de aceptarlo". Fuente: Biblia de la Comunidad Cristiana (traducción recomendada), *cf.* también Nueva Versión Estándar Revisada (NRSV).

33. Pablo de Tarso, conocido como san Pablo, no fue uno de los evangelistas que narraron la vida de Jesús, sino el apóstol que, con sus cartas, sembró la estructura teológica del cristianismo. No escribió evangelios, pero su palabra marcó el rumbo doctrinal de la Iglesia. Su vida es fascinante, para profundizar en ella desde tres puntos de vista recomiendo a Daniel Marguerat, *Pablo. El apóstol de las naciones* (Salamanca, Ediciones Sígueme, 2010), como el estudio más equilibrado teológico e histórico. Por su parte la biografía que mejor contextualiza su pensamiento en el cruce del mundo judío y romano es la de N. T. Wright, *Pablo: una biografía* (Madrid, Ediciones Clie, 2021); y como clásico católico, más devocional pero históricamente sólido, puede consultarse a Giuseppe Ricciotti, *San Pablo* (Madrid, Biblioteca de Autores Cristianos, 1958).

34. Aunque su nombre figura como coautor del *Malleus Maleficarum*, hay indicios históricos de que Jacob Sprenger no participó activamente en su redacción. Fue prior dominico y maestro en Teología en Colonia, pero algunos estudiosos señalan que Heinrich Kramer —ya nombrado inquisidor papal en el Tirol por Sixto IV— habría añadido su nombre sin su consentimiento, buscando legitimar el texto ante las autoridades eclesiásticas. Véase E. William Monter, *Witchcraft in*

France and Switzerland: The Borderlands During the Reformation (Ithaca, Cornell University Press, 1976), pp. 43-45.

35. La imaginería del *Malleus Maleficarum* parece absurda hoy: nidos de penes cortados por las brujas, mujeres volando por los aires, lunares naturales considerados marcas del diablo. Pero en su momento, todo fue tomado como verdad. Heinrich Kramer, su autor principal, era un hombre preparado, pero profundamente trastornado. Fue reprendido y desautorizado por el obispo de Innsbruck, Georg Golser, debido a sus abusos: prácticas inquisitoriales extremas, humillaciones públicas, y un acoso constante —y personal— contra las mujeres acusadas. La diócesis lo declaró no apto para ejercer como inquisidor en la región.

Desde esa exclusión —y con el descrédito a cuestas— se retiró a Colonia, donde redactó su obra. Y para legitimarla, extrajo frases sacadas de contexto de pensadores de todos los tiempos: Sócrates, Platón, Aristóteles; y teólogos como san Agustín, san Jerónimo, san Anselmo. Después de sumar la bula papal de Inocencio VIII, nadie lo refutó. Nadie lo frenó.

Para profundizar recomiendo las obras de: William Monter, *The Rise of Female Kingship and the Witch Hunts in Europe* (New Haven, Yale University Press, 2007); y Jacobus Sprenger y Heinrich Kramer, *Malleus malleficarum* (*El martillo de las brujas*), Floreal Maza (trad. de la primera edición de Alberto de Baviera, 1498-1508), Buenos Aires, Orión, 1975.

36. Durante la Edad Media, especialmente desde los siglos XIII y XIV, la Iglesia asoció a los gatos con la brujería y el demonio. En 1233, el papa Gregorio IX condenó a los gatos negros en la bula *Vox in Rama*, y esto llevó a su exterminio masivo en algunas regiones. Sincrónicamente este hecho coincide con la peste bubónica: al haber menos gatos, las ratas se reprodujeron sin depredadores, lo cual favoreció la propagación de la peste.

37. En México, la Inquisición fue un arma de control durante el virreinato, desde 1569 hasta 1820. Sus tribunales perseguían cualquier forma de herejía, pero fueron particularmente crueles e inmisericordes con los judíos ocultos —criptojudíos— que llegaron a estas tierras, como muchos otros, atraídos por la esperanza de un nuevo comienzo.

Pensaron que aquí podrían vivir tranquilos, en silencio, practicando su fe. Pero la Inquisición los rastreó, los torturó, los humilló. Y aunque en algunas ocasiones los liberaron, los obligaban a portar el sambenito: una especie de babero infame que los marcaba como indignos ante toda la sociedad novohispana. Para entonces, ya les habían arrebatado todo: sus propiedades, sus tierras, su reputación. Y todo —por supuesto— pasaba a manos de la Iglesia.

38. Clarissa Pinkola Estés, *Mujeres que corren con los lobos: mitos y cuentos del arquetipo de la mujer salvaje* (Barcelona, Ediciones B, 1998), p. 27.

39. La *Divina Comedia* fue escrita por Dante Alighieri entre 1304 y 1321, y se considera no solo la obra cumbre de la literatura italiana, sino también una de las más influyentes de la historia universal. Escrita en toscano —el dialecto que daría origen al italiano moderno—, marca el tránsito simbólico del pensamiento medieval al renacentista: del orden teológico al humanismo. En ella, el protagonista recorre los tres reinos del más allá: Infierno, Purgatorio y Paraíso. En el Infierno, Dante escucha a Francesca da Rimini, condenada por amar a un hombre que no debía; ella habla, con profunda emoción, de su historia de amor truncado. Y en el Paraíso, es Beatriz, símbolo de la sabiduría divina y del amor puro, quien guía al protagonista en su ascenso final. Ambas figuras femeninas —una que habla desde la culpa, otra desde la redención— otorgan voz, agencia y sentido espiritual a lo femenino dentro del relato. La obra fue escrita al final de la Edad Media, pero su estructura simbólica, su lenguaje y su mirada ética inauguran un nuevo horizonte: el de la conciencia individual como centro de reflexión. Dante Alighieri, *La Divina Comedia*, Francesco Mazzoni (ed.), Ángel Crespo (trad.) (Madrid, Cátedra, 2014).

40. La vida de Christine de Pizan es fascinante, fue hija de Tommaso di Benvenuto da Pizzano, astrólogo y médico en la corte del rey Carlos V de Francia. Su padre fue el primero en abrirle el camino, permitiéndole estudiar y compartiendo con ella conocimientos hasta el momento prohibidos para las mujeres. Aun así, Christine siguió las costumbres de la época y se casó con un joven miembro de la corte llamado Étienne du Castel. Su esposo la apoyó siempre para que continuara con sus intereses intelectuales. Sin embargo, Christine sabía que si ella lo hacía público, esto sería motivo de burla social para su marido, por lo que no fue hasta después de su muerte que decidió dedicarse a ello de manera profesional. Ella tendría en ese momento cerca de 25 años. Hoy, *La ciudad de las damas* está considerado el primer libro feminista de la historia. Christine de Pizan, *La ciudad de las damas* [1405] (trad. al español por Julia Escobar, Madrid, Siruela, 1995).

41. El término "feminismo" fue utilizado por primera vez con sentido político por la francesa Hubertine Auclert en 1881, para nombrar la lucha de las mujeres por la igualdad y la justicia. En los estudios contemporáneos de género se reconoce que no existe un solo feminismo, sino feminismos, porque cada lucha ha respondido a su tiempo, a su geografía, a su clase social, a su color de piel y a su lengua. Así, se habla de una "primera ola" ligada al derecho al voto (conocida como la de las sufragistas), con un énfasis inicial en el acceso igualitario a la educación y al trabajo; la "segunda ola", desde los años sesenta, centrada en los derechos sexuales, reproductivos y el pensamiento feminista radical; y una "tercera ola", que desde los años noventa ha sumado las voces de mujeres indígenas, afrodescendientes, migrantes y disidentes, y ha abierto nuevas narrativas sobre el cuerpo, el deseo y la identidad.

42. Para el cierre de la edición de este libro, en junio de 2025, ¡en pleno siglo XXI!, aún no votan las mujeres en ninguna elección nacional en el Vaticano, y en Arabia Saudita fue apenas en 2015 que pueden votar, pero solo en elecciones municipales y el derecho al sufragio sigue estando profundamente limitado.

43. Margaret Mead, pionera de la antropología cultural, publicó en 1935 *Sexo y temperamento entre sociedades primitivas*, donde demostró que los roles de género no son naturales ni universales, sino construcciones culturales que varían según cada sociedad.

En 1949, Simone de Beauvoir cambió para siempre el pensamiento occidental con *El segundo sexo*, una obra monumental desde la filosofía existencialista que desmanteló siglos de subordinación simbólica de las mujeres. Su frase "no se nace mujer, se llega a serlo" se convirtió en eje del feminismo contemporáneo.

Y en 1963, Betty Friedan publicó *La mística de la feminidad*, tras romper con el mito del matrimonio perfecto. En ella denunció el vacío existencial que muchas mujeres estadounidenses vivían en la posguerra, atrapadas entre la casa, el consumo y el "vivieron felices para siempre".

La bibliografía para comprender el feminismo en todas sus dimensiones y olas es inmensa. Para mí estas obras fueron fundamentales:

Rosario Castellanos, *Mujer que sabe latín…* (1973); Gerda Lerner, *La creación del patriarcado* (1986); Celia Amorós, *Hacia una crítica de la razón patriarcal* (1985); Judith Butler, *El género en disputa* (1990); Amelia Valcárcel, *Sexo y filosofía* (1991); Marcela Lagarde, *Claves feministas para la autoestima de las mujeres* (2000); Caitlin Moran, *Cómo ser mujer* (2011); Chimamanda Ngozi Adichie, *Todos deberíamos ser feministas* (2014).

44. Amelia Valcárcel, *Sexo y filosofía: sobre mujeres, amor y justicia* (Madrid, Anthropos, 1991), p. 56.

45. Alonso del Río, nacido en Lima en 1962, es un músico, curandero, escritor, documentalista y conservacionista peruano dedicado a transmitir la sabiduría ancestral de las ceremonias y las plantas medicinales amazónicas y andinas. Tras vivir 13 años en la selva aprendiendo con el pueblo shipibo, fundó el centro Ayahuasca Ayllu en el Valle Sagrado de los Incas (Cusco), donde actualmente lidera música-medicina, ceremonias y educación intercultural. La canción "Corazón" aparece en su álbum *Canciones de medicina I* (2003) y puede escucharse en plataformas como Spotify y YouTube.

46. Esta cita fue publicada originalmente en la revista *FEM* en 1987, y ha sido retomada en diversos estudios y discursos feministas por su claridad al enunciar una educación igualitaria para las niñas. Ángeles Mastretta (Puebla, 1949) es narradora, ensayista y periodista; su obra literaria y periodística ha sido fundamental en la construcción de una voz femenina propia en la literatura mexicana contemporánea.

II. De Biblias a biblias. Entre lo hablado y lo escrito

1. El Poema de Gilgamesh fue escrito en tablillas de arcilla con signos cuneiformes hacia el siglo XVIII a.C., pero sus relatos circularon oralmente entre los pueblos sumerios muchos siglos antes. El Bhagavad Gītā, parte del Mahābhārata, fue transmitido por los brahmanes en forma oral hasta su redacción alrededor del siglo I a.C. Las enseñanzas de Buda fueron memorizadas y recitadas por sus discípulos durante más de cuatro siglos, hasta que fueron fijadas por escrito en el Canon Pali (Tipitaka) hacia ese mismo siglo en Sri Lanka. La *Ilíada* y la *Odisea*, atribuidas a Homero, fueron escritas en el siglo VIII a.C., pero sus versos ya eran cantados por los aedos mucho antes. Los cantares de gesta, como *El Cantar de Mio Cid* o *El Cantar de Roldán*, fueron primero recitados oralmente por juglares y trovadores medievales, resonando en plazas y castillos antes de volverse letra.

2. Elaine Pagels, *Los evangelios gnósticos*, Jordi Beltrán (trad.) (Barcelona, Crítica, 2022). Y Roberto Sánchez Valencia, ed., *Evangelios gnósticos de Nag Hammadi* (Ciudad de México, UNAM, 2012).

3. Roland H. Bainton, *Here I Stand: A Life of Martin Luther* (Nueva York, Penguin Publishing Group, 1995), p. 117.

4. Juan Pablo II, discurso "Al Presidente de la Federación Luterana Mundial", 9 de diciembre de 1999, en *Discursos del Santo Padre Juan Pablo II*, sección Diciembre 1999, traducción oficial en español, Vatican.va (acceso en junio de 2025).

5. Museum of the Bible, "Apollo Prayer League Microform Bible", Washington, D.C., consultado en 2024. https://www.museumofthebible.org/collections/stories/apollo-prayer-league-microform-bible

6. En el estudio publicado por el novelista James Chapman en mayo de 2012, sobre los libros más vendidos en los últimos 50 años (donde, por cierto, tristemente desaparecen del pódium los clásicos, sustituidos por obras de ciencia ficción para niños y adolescentes), la Biblia aparece una vez más como triunfadora, con más de 3 900 millones de copias vendidas, muy por encima del segundo sitio, ocupado por el *Libro rojo* de Mao Tse-Tung, seguido por las obras de J. K.

Rowling, J. R. R. Tolkién, Paulo Coelho y Dan Brown. James Chapman, *The Most Read Books of the Last 50 Years*. 2012. Consultado en 2024. https://jameschapman.name/illustrations/#books

III. Otra mirada para Eva. La mentira mejor ~~contada~~ aceptada de la historia

1. *Diccionario manual de la lengua española*, Madrid, Vox, 2007.

2. Jean Chevalier y Alain Gheerbrant, *Diccionario de los símbolos* (Barcelona, Herder, 1969), p. 934.

3. Georg Feuerstein, *La tradición del yoga* (Barcelona, Kairós, 2003).

4. Robert Graves y Raphael Patai, *Los mitos hebreos* (Madrid, Alianza, 2000), p. 94; Jean Delumeau, *El hecho religioso. Una enciclopedia de las religiones hoy* (México, Siglo XXI Editores, 1997).

5. Jean Chevalier y Alain Gheerbrant, *Diccionario de los símbolos*, *op. cit.*; Carlos Gaitán, *Diccionario mitológico* (México, Diana, 1991); James George Frazer, *El folklore en el Antiguo Testamento* (Madrid, Fondo de Cultura Económica-España, 1981) (Sección de Obras de Antropología).

6. Roland Barthes, *El placer del texto / Lección inaugural* (México, Siglo XXI Editores, 2011).

7. Heinrich Kramer y Jacob Sprenger, *Malleus Maleficarum*, Montserrat Rius (trad.) (Madrid, Ediciones del Laberinto, 2018), p. 114. Citan y reinterpretan Eclesiastés 7:26: "La mujer es más amarga que la muerte", como argumento de por qué es más susceptible a la brujería.

IV. Lilith

1. Robert Graves y Raphael Patai no inventan la figura de Lilith, pero recopilan versiones y mitos antiguos de tradición hebrea —algunos especulativos, otros folclóricos— en su obra *Los mitos hebreos* (Madrid, Alianza, 2000).

También resultan clave *Los manuscritos hebreos de Ben Sira*, Víctor Morla (trad. y notas), Asociación Bíblica Española-Institución San Jerónimo-Verbo Divino, 2000 (Monografías, 59).

2. León Berman, *Leyendas del Talmud y del Midrash* (Barcelona, Riopiedras, 1925), p. 7.

3. Gershom Scholem, *Las grandes tendencias de la mística judía*, Beatriz Oberländer (trad.) (Madrid, Siruela, 2000); y *La cábala y su simbolismo*, Juan José del Solar (trad.) (Madrid, Siruela, 1996).

4. *Los manuscritos hebreos de Ben Sira, op. cit.*

5. León Berman, *Leyendas del Talmud y del Midrash, op. cit.*, pp. 7-8.

6. Los títulos de las dos partes del mito de Lilith son una propuesta personal; no se encuentran como tal en ninguna fuente.

7. Robert Graves y Raphael Patai, *Los mitos hebreos, op. cit.*; y *Los manuscritos hebreos de Ben Sira, op. cit.*

8. Robert Graves y Raphael Patai, *Los mitos hebreos, op. cit.*, pp. 78-80.

9. *El Zohar*, R. Michael Berg (ed. y comp.) (Nueva York, The Kabbalah Centre International, 2003); y el video "Historia rabínica de Lilith, Isaías 34:14: la primera mujer de Adán que no fue Eva", disponible en línea en YouTube: https://www.youtube.com/watch?v=PJOanH72cCA (consultado el 3 de julio de 2025).

10. El término "chivo expiatorio" proviene de una práctica del antiguo Israel descrita en el Levítico, donde se cargaban simbólicamente los pecados del pueblo sobre un chivo que luego era expulsado al desierto. Con el tiempo, la expresión pasó a referirse a cualquier persona o grupo sobre el que se deposita la culpa de un mal colectivo, con el fin de liberar de responsabilidad a otros.

11. Samuel Noah Kramer, *Sumerian Mythology: A Study of Spiritual and Literary Achievement in the Third Millennium B.C.* (Filadelfia, University of Pennsylvania Press, 1961), p. 128.

12. Sobre menciones de Lilith y los *lilim* en inscripciones litúrgicas y textos místicos posteriores, véase Joseph Dan, *Jewish Mysticism and Magic* (Northvale, Jason Aronson, 1998), pp. 94-96.

13. Marc Michael Epstein, *The Medieval Haggadah: Art, Narrative, and Religious Imagination* (New Haven, Yale University Press, 2011), pp. 162-163.

14. Dovid Zaklikowski, "Naming the Newly Circumcised Baby", Chabad.org, publicado el 1 de noviembre de 2017, https://www.chabad.org/library/article_cdo/aid/144470/jewish/Naming-the-Newly-Circumcised-Baby.htm. Consultado el 6 de julio de 2025.

Esta obra se terminó de imprimir
en el mes de febrero de 2026,
en los talleres de Impresora y Editora Infagon, S.A. de C.V.,
Ciudad de México.